智读汇

连接更多书与书，书与人，人与人。

自变

迈向自变的人生，成为自变领导者

任建平　著

中国出版集团
東方出版中心

图书在版编目（CIP）数据

自变／任建平著. ——上海：东方出版中心，2019.5
ISBN 978-7-5473-1438-8

Ⅰ. ①自… Ⅱ. ①任… Ⅲ. ①领导学 Ⅳ. ①C933

中国版本图书馆CIP数据核字（2019）第044884号

自变

出版发行：东方出版中心
地　　址：上海市仙霞路345号
电　　话：62417400
邮政编码：200336
经　　销：全国新华书店经销
印　　刷：北京宝丰印刷有限公司
开　　本：880mm×1230mm　1/32
字　　数：190千
印　　张：10.5
版　　次：2019年5月第1版第1次印刷
ISBN 978-7-5473-1438-8
定　　价：58.00元

序　　言

我的自变之路

最近，我从上海飞往波士顿，参加为期三天的由托伯特教授授权的在波士顿学院康纳斯中心举办的“行为逻辑和全球领导力测评”认证培训。而三年前，我也同样飞往波士顿参加了罗伯特·凯根教授（Robert Kegan）的变革免疫系统认证。这两位心理学家（托伯特和凯根）都是成人发展理论的关键塑造者，他们重新定义了领导力[1]发展的未来方向。

为什么我会不远万里两次到波士顿参加相关的认证学习呢？一方面是因为我从事的就是领导力发展和人才管理的工作，这些理论已经成为我们的产品和服务体系中的基石理论。另一方面，通过理解、学习和应用这些理论，我个人也在不断地成长和发展。现在回头来看，这样的人生旅程也是我的“自

① 本书领导力、领导者等概念大多特指企业领导力、企业领导者。——作者注

变之路”（按照凯根的定义，自变是人的头脑复杂度可以达成的最高状态）。

某种意义上，我们可以将达成自变看作是一种人生追求。如同很多人研习佛法一样，通过迈向“自变”的探询和实践，可以获得自我人生更深刻的理解。

通往更深刻的思维和心智状态并没有确定的路线图。发展心理学家确认过一些关键成长因素，可以让我们迈向更加成熟的头脑模式。这些因素包括：

（1）高挑战性的工作环境（如华为那样的高挑战性工作环境）；

（2）事业和生活的磨难经历（如梵高、贝多芬那样的艺术家经历的生活挫折）；

（3）家庭成长过程中的变故（如乔布斯那样的从出生就被收养的经历）；

（4）关键人物（父母、上级、朋友等）的影响。

但我基于个人的实践，认为可以加入一个新的因素，那就是关于自变（头脑复杂度）理论的理解。当我们理解头脑复杂度发展的概念，我们才会愿意主动追求那样的状态。

好比你如果没有读过佛经，是不可能去相信并践行，甚至有人还可能认为是迷信。成人发展理论本身是抽象的心理学概念，并不容易被理解。基于此，我写下了本书。我希望通过尽量浅显易懂的语言，让更多的人理解如何发展自己的头脑。

我们需要承认的一个事实是，大多数人成年后都会丧失继续学习和发展的诉求。这是因为他们并不能理解实际上生理的成熟完全不能代表一个人思想的成熟。当我们意识到我们的头脑发展还可以跨入更高的阶段时，这本身就会激励我们不要放松自我，继续努力成长。

并且，头脑的发展和知识的学习是有区别的。用一个比喻，学习知识如同往杯子中注入水，而头脑的发展就像将杯子的容积变大，从而让杯子可以盛更多的水。很多时候，当我们的头脑没有得到充分的发展，我们会本能地拒绝持续学习新的知识和技能。因此，成长首先要谋求的是头脑的发展，头脑发展才可以焕发我们持续学习的动力。

同时，我也将传递自变的理念看作是一项有意义的个人使命。在这次波士顿返回上海的飞机上，我看了一部电影——《茱莉与茱莉亚》（又译《隔代厨神》）。茱莉是美国的传奇女厨师，在她四十多岁的时候以外交官的家属身份随丈夫来到巴黎，并喜欢上了法国厨艺。她到蓝带学院学习法国烹饪，随后花了八年时间写作了《掌握法国烹饪的艺术》一书。而茱莉亚于2000年左右和丈夫移居纽约，并定下一个志向在365天内基于茱莉的法式菜谱制作524道法式菜肴，并将这样的体验通过博客分享给读者。她的博客获得了很大的影响力，也让她成为一名知名的厨艺作家。

这个故事对我而言如同一个隐喻。就像茱莉把法国菜肴介绍给美国的大众，以及茱莉亚继续承接这样的使命通过互联网写作传递美食制作一样，成人发展理论也塑造了我，激发了我的个人成长。我希望通过写作和授课将这种有益的理论带给中国的大众。我用四年的时间写了十几万的文字，都是关于"自变"的理念和实践，从而形成了本书。我尝试用容易读懂的语言，以及和大家工作生活紧密关联的事例，带给大家关于如何看待自我、他人以及社会的系统思考。成熟有序的社会高度依赖社会中每个个体的头脑的成熟。而我们头脑的成熟仅仅通过学校的教育显然是不够的，还依赖于个人的持续成长。

无论是组织中的领导者还是专业人士，或者其他的任何对于自我头脑发展有兴趣的人，我希望他们都可以通过理解自变获得进一步的人生思考和启发。按照心理学家的数据分析，小部分人最终可以达成自变，并且达成自变的个体往往是四十岁以上的成年人了。但在本次波士顿的培训中，我的一位同学的GLP（Global Leadership Profile）测评结果是早期转化型（"自变"的状态）。很有意思的是，她才29岁，她在一家大型的卡车租赁公司工作。我们讨论了是什么促发她这么年轻就可以达成某种自变的状态。她提到了几个因素：

（1）她母亲在她很小的时候去世；

（2）她成长的过程中环境相对复杂（虽然是很平和的）；

（3）她从小有感知面对各种选择的机会，因为她的父亲是一个心理治疗师，也愿意给她创造多种选择的机会；

（4）她从14岁就认识了她现在的丈夫，而且他的丈夫经历了巨大的创业失败，她也身处其中；

（5）她早期从事财务工作，现在做领导力发展顾问，在组织中有机会接触成百上千的中高层管理者并为他们提供发展建议。而她所在的组织在广泛地应用托伯特的GLP测评。

她的描述恰恰吻合前面提到的促发我们个人头脑发展的关键因素，包括认知和实践。而且，和她的交流也验证了我的一个猜想，那就是未来会有更多的人，在更年轻的时候就可以达成自变的状态。因为总体而言，我们头脑的复杂状态来源于外部环境的要求。可以预见，在后现代社会中，我们将更多地需要自变的状态来获得一种幸福的存在。

我在一次授课中，有一名高管直接问我，你有没有达成“自变”。我告诉他可以肯定的是我在追求自变。后来参加GLP测评，我被评估为处于“再定义型的后期”（Late Redefining），也说明我在某种层面接近于自变的思维，但还需要继续努力。

在我的自变旅程中，我通过写作一系列关于自变的文章来传达我对头脑成长的理解。在这个过程中，我也充分感知到了自己思维的变化。甚至可以说，我有了一些关于世界、关于领导力、关于自我的新认知。下面我列举若干我觉得非常有意义的关键认知。

头脑复杂度决定了领导者的领导力水平。为什么有些人能够成长为领导者，而有些人却不能？如果结合成人发展理论，我们就不难理解不同的头脑复杂程度和不同的能力表达维度紧密关联。卓越的领导者往往具备自变的头脑。如果把人体比作一台电脑，我们的头脑就是电脑的操作系统，我们的身体就是电脑的硬件，而我们所具备的能力和领导力就如同电脑中的软件一样。当我们的头脑达到自变状态时，才有可能触发那些真正的领导力，如远见、创新、变革、发展他人等。我将这些领导力称为“自变领导力”。这样的理解让我们更加清楚如何有效地发展组织中的领导者。要想成为卓越的领导者，首先需要提升我们的头脑复杂度，达到自变状态。

不同头脑复杂度的个体，激励因素不一样。头脑复杂度理论和马斯洛需求层次理论息息相关。如果将这两个理论关联，就可以更好地理解那些处于不同心智阶段的个体的根本内在激励因素。如果一个人是工具型思维模式，利益激励至关重要（生理满足和安全的需要）；如果一个人是社会化思维模式，社会认同和责任感激励至关重要（爱和归属的需要）；如果一个人是自主思维模式，使命和价值观激励至关重要（尊重的需要）；如果一个人达到了自变思维模式，成长的激励至关重要（自我实现或者自我超越的需要）。如何激励员工一直是组织面临的关键课题，基于上述理念的理解，我们更容易把握有效的自我激励模式，组织也可以有针对性地制订激励不同人才的方法和手段。

人类的能力是在不断演化中的。从历史的角度看，很多能力会过时，我们要着眼于未来。不同的时代需要的能力是不相同的，过去人类的很多能力现在已经不再被需要，而未来肯定需要一些全新的能力。理解这个层面可以让我们更加有效地为未来做好准备。本书中提到的自变领导力实际上就是在描述未来的领导力状态。

领悟力是“未知之知”的能力。“学习”通常让我们获得解决技术性问题的方法、工具、知识和技能。但我们不能用“技术性”的手段来解决“适应性”的问题（也就是那些复杂和混沌的问题）。面对高度不确定性的“复杂和混沌”的问题，人类的有效解答就是“智慧”。而获得智慧需要“领悟力”。“学习”是从未知到知的过程；而“领悟”是要达成“未知之知”。领导者需要学习能力，但更需要领悟力。因此领悟力才是区分领导者水准的关键能力。

任何的不确定性后都有确定性。《易经》带给我的最大启发就是，任何变化都是有迹可循的。也就是任何的不确定性背后都有其确定性。世界在快速发生变化，很多人心生恐惧。但如果我们认识到不确定性背后的确定性属性的话，我们就可以从容面对。因此，自变领导者善于预测未来，善于在纷繁复杂的表象背后看到趋势和可以确认的信息。同时，自变领导者具备定力，不为外界所扰，专注于自己，专注于当下，专注于成长和自我发展。

达成自变的一些切实方法。通过我对于自变理论的理解，在本书中我也提出了若干达成自变状态的方法，包括深度的自我认知、不随意评价、锻炼批判性的思维、尝试转换自我的身份等。比如，前几月我通过锻炼体重减轻了15斤。当我和一个朋友谈起这个小成就时，他马上指出这是我的自变成果。的确，如果你可以有效控制自己的体重，实际上也是一种自变的锻炼。我也在一直践行这些实现自变的方法，如不随意评价，通过批判性思维挑战自我的思想等。我可以体会到这样的锻炼对于我个人成长的作用。

八正道对于领导力的作用是基石性的。未来的领导者应该具备的自变领导力，但没有“做正确的事情”为依托，可能很多领导力最终都会坍塌，变得毫无意义。我发现佛法中的“八正道” 有效定义了领导者如何做正确的事情的八个维度。八正道分为“戒（规范）”“定（行为）”“慧（思维）”三个层面。在戒（规范）的层面，要求人们做到正语、正业和正命；在定（行为模式）的层面，要求人们做到正精进、正念和正定。

在“戒”和“定”的基础上，人们可以达成“慧”（思维）的程度，其中包括正见和正思维。在当今社会中，我们可以发现有太多的领导者由于不能正确地行事而最终导致事业和个人的失败。强调“八正道”作为领导力的基石应该永远都不会过时。

基于上面的一系列理念上的收获，对我而言，迈向自变绝对是一种美好的人生体验：

- 当我们能理解我们并不需要展示权力才是最大的权力时；
- 当我们能够享受孤独，并拥有自己独立的观点时；
- 当我们不再执着于固有的观念和想法，而是可以欣赏不同人的不同观点和想法，理解他们的思想动机，并可以巧妙地整合时；
- 当我们可以在不同的想法和观点之间流动时；
- 当我们可以接纳别人，了解未知时。

可以说，我们达成了某种程度的自变。美国诗人惠特曼的《大路之歌》在我看来正是描述这样的“自变的喜悦”状态。希望我们都可以在人生中体验到这样的感受。

大路之歌[1]

【美】惠特曼

我轻松愉快走上大路，
我健康自由，
世界在我面前，
长长褐色的大路在我面前，
指向我想去的任何地方。

从此，
我不再希求好运气，
我自己就是好运气；
从此，
我不再抱怨，不再迟疑，
我强壮满足，迈步走上大路。

我走上你这大路，
环顾四周，
我相信，
这不是你的全部；

① 节选自邹仲之译本，文字与分行有改变。

我相信，
许多未曾看到的也存在于此。

空气，
你给了我谈吐的气息！
万物，
你召唤我迷茫的思想，
并赋予它们形象！
阳光，
你包裹了我和一切，
美妙宁静地沐浴我们！

走呀！
不管你是谁，
跟我同行吧！
跟我同行，
你永远不会疲倦。

走呀！
前面还有更大的诱惑，
我们将扬帆，

自变
SELF-TRANSFORMING

在那没有航道的蛮荒大海；
我们将去那风狂浪猛的疆域，
满帆加速。

走呀！
带着力量、自由、大地、风雨、雷电，
带着健康、反抗、快乐、自尊、好奇；
走呀！
抛开一切陈规俗套！

走呀！
走上那无始无终的旅途，
去饱经历练，
白天跋涉，
晚上休息，
把所有旅途上的经历，
把日日夜夜的经历，
融汇在一起。

不要心怀旁顾，
只盯准你能达到，

能经过的东西。
不要上下张望，
只盯准那为你伸展，
为你等候的大路。
不要留意别人，
只盯准你要去的彼岸。

走呀！
大路在我们面前！

任建平
2018 年冬于北京

目录 | CONTENTS

SELF-
TRANSFORMING

第一章

什么是自变

第一章
什么是自变

迈向自变的人生

礼物

切·米沃什　西川译

如此幸福的一天。
雾一早就散了，我在花园里干活。
蜂鸟停在忍冬花上。
这世上没有一样东西我想占有。
我知道没有一个人值得我羡慕。
任何我曾遭受的不幸，我都已忘记。
想到故我今我同为一人并不使我难为情。
在我身上没有痛苦。
直起腰来，我望见蓝色的大海和帆影。

我谨将此书视为送给每一位寻求自变人生的读者的礼物！

人来到世上都会有所追求。有些人追求财富，有些人追求成功，有些人追求家庭幸福，有些人追求健康长寿……但最后，很多有各种追求的人并不见得会实现自己所追求的目标。

人生也有种种挑战和痛苦，有人一生愚昧无知，简单地被欲望驱动；有人极端相信某种理念，甚至为了自己的理念不惜与他人争斗……为了解脱这些烦恼，很多人选择向宗教寻求答案。

要克服人生的挑战，其实途径很多。写这本书就是为了给读者指明一条新的途径。这个途径不是信仰，也不是人生的成功经验和感悟。它由世界级的心理学专家经过数十年的积累逐渐成型，并经过大量的数据验证，清晰地描述了人的头脑成长的历程和可以实现的更高状态。用一句话说，这样的途径就是通过“头脑”的升级，迈向“自变”的人生，从而成为自变领导者。

“自变”是一个心理学概念，它描述了一个人可以达到的最高心智模式，也代表了后现代社会人类思维的全新状态。自变理论基础源于哈佛大学的教育心理学教授罗伯特·凯根（Robert Kegan）的成人发展理论。在罗伯特·凯根最初提出成人发展理论时，也就是20世纪80年代，“自变”的概念在某种程度上还是一种理论上的推导。如今，“自变”俨然已成为人类解决问题的最佳思维模式之一，是改变自我、迈向理想人生的关键。

一个人拥有“自变”意识，就能更加从容、明智、客观地应对遇到的各种挑战，获得内心真正的和谐统一。有“自变”思维的领导者肯定会是强大的领导者，他们可以帮助自己、他人、团队乃至整个社会发生转变。

谈到自变的状态，我们就必须系统介绍罗伯特·凯根教授的成人发展理论（也叫头脑复杂度理论）（如图 1-1 所示）。而罗伯特·凯根的理论有效整合了历史上众多心理学家的理论，包括马斯洛、安娜·弗洛伊德、埃里克森、皮亚杰等，是关于成人发展的标志性理论。

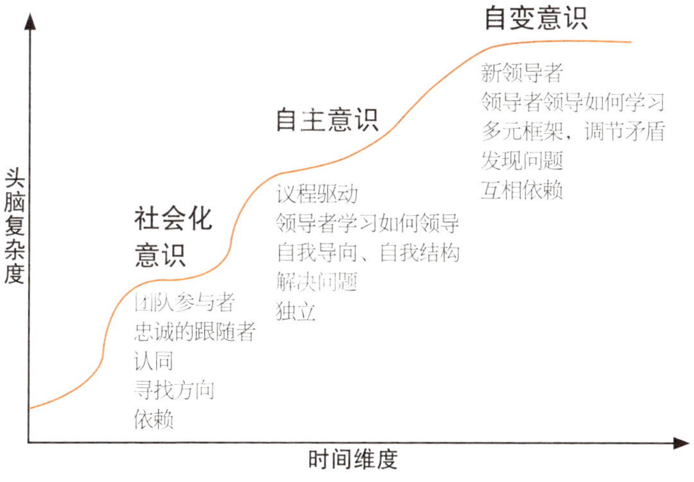

图 1-1　成人发展理论示意图

按照罗伯特·凯根的理论，成年人的头脑（心智）发展可以分为三个阶段：社会化意识（socialized mind）、自主意识（self-authoring mind）和自变意识（self-transforming mind）。当然，社会中还是有一部分成年人即使已经成年，心智却停留在孩童或者青少年的阶段（用现在流行的语言来表达，就是“巨婴”心态）。

头脑的复杂程度决定了我们如何看待和理解这个世界，也决定了我们行为背后的逻辑，以及我们构建人生意义的方式（meaning-making）。

社会化意识的人会表达出强烈的社会和团队认同度。社会化意识的人可以是表现良好的社会公民、和睦的家庭成员和组织中的温文尔雅的员工。他们忠诚于特定的组织和团队，力求联盟和关系支撑。社会化的状态就是“关系型”的社会，很多人以拥有关系为荣，而在他们的表达中，鲜少有自己独立的、与众不同的甚至是叛逆的观点。他们的观点往往来自于社会的权威或流行的观点。这些观点塑造了社会化意识的个体的思维模式。

自主意识的人会逐渐摆脱社会集体思维的影响而形成主见，这会帮助他们建立独立的身份认知和意识形态，也会让他们形成一些自己或深或浅的信仰体系。他们通常会在自己的专业领域取得一定的成就，会认为自己是某个方面的专家。在组织中，成功的管理者往往具备自主意识，但拥有自主意识的个体却跳不出个人观点的局限，往往喜欢用自己认可的价值系统来评判其他系统。

而自变意识的人会摆脱自我意识和价值观念的束缚，他们可以退后一步审视自我观点的局限性，从而有效地整合其他观点和意识形态。

从以上三个阶段的描述我们可以看出：社会化意识的人活在权威观点和他人的看法中，由于没有自我的独立判断，当遇到多变的环境时，会感到苦恼、困惑。而自主意识的个体由于有自己独立的想法，会不遗余力地捍卫自己的观点，在遇到挑战和反对意见时有可能会感受到强烈的内在和外在冲突。相对而言，自变的个体会感受到真正的内心和谐，他们可以更好地领导他人、协调冲突，给自己和特定的团体带来真正的变革和突破。

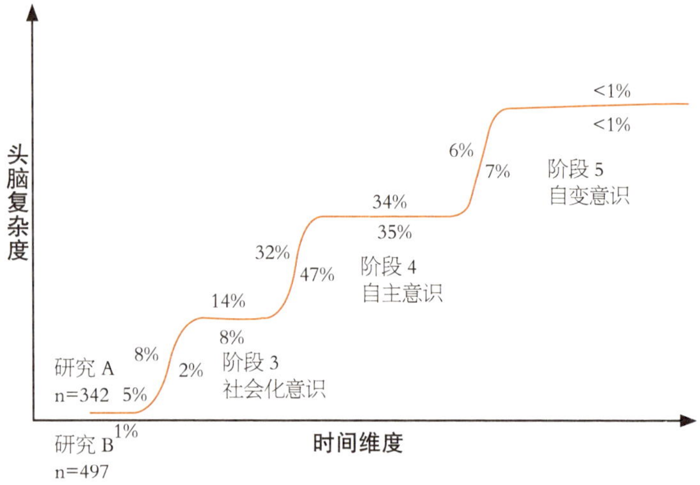

图 1–2 人的头脑复杂度的分布研究

历史上罗伯特·凯根教授和比尔·托伯特（Bill Torbert）教授主持过两次大型的关于人的头脑复杂度分布研究（如图 1–2 所示，研究 A 和研究 B），研究 A 中有 342 人参与了头脑复杂度的客观评估，使用的方法是“主体—客体访谈法”（SOI）。而研究 B 中有 497 人参加，使用的方法是“华盛顿大学句子完成测试”（WUSCT）。两个研究中的参与者大部分是受过教育的职业人士。这个研究结果表明有大约 58% 的人都无法达到自主意识，而达成自变意识的人更是少于 1%（我相信随着时代的前进，在未来，更多的人可以达成自主甚至自变的头脑意识状态）。

因此，按照罗伯特·凯根教授的观点，“自变”可以被这样定义：

他们能退后思考自我意识形态和个人权威的局限性，能看到任何系统的局限性和不完整性，能友好对待反对和偏见，能够了解和掌握多个系统，而不是用一个系统判断另外一个系统；他们的自我体现表达在可以完整地看待世界，而不会产生内在的不一致和混乱；不会采取极端看法而是通过内在对话达成和谐统一。

如果用罗伯特·凯根教授在哈佛大学的同事比尔·托伯特教授的理论，自变可以被类型化为三种不同的行动逻辑类型——再定义型、转化型和炼金术士型（在我询问比尔·托伯特教授时，他认为罗伯特·凯根的自变类型包含再定义型和转化型，但并不包括炼金术士型）。

1. 再定义型风格

（1）会采取一个相对的观点，更关注当前和历史背景，经常能觉察到矛盾情绪；

（2）能体验到时间既有着打动人心的独特时刻，又是一种流动可变的媒介；

（3）对自己和他人独特的自我表达方式感兴趣；

（4）寻求独立、有创造性的工作，与相似性和稳定性比，更易受差异和变化的吸引；

（5）不倾向评判或评估，通过倾听和发现模式而不是通过主张来产生影响；

（6）注意自己的缺点和负面影响。

2. 转化型风格

（1）认识到制订策略、原则、契约、理论和判定（不仅仅是规则、习俗和特例）的重要性，并保持之；

（2）高度重视适时的行动探询、相互关系和自主性；

（3）将短期目标导向与长期发展进程导向相结合；

（4）了解“人们能看到什么取决于其行动逻辑”的悖论，富于创造性地解决冲突，发挥不同的作用；

（5）机智，存在主义式的幽默，意识到权力的阴暗面并不被其诱惑。

3. 炼金术士型风格

（1）持续练习自己的专注力，寻求对直觉、想法、行为和外部世界影响的相互作用的单环、双环、三环反馈；

（2）立足包罗一切的当下，洞悉光明与黑暗、永恒模式的复制以及隐含意义的浮现；

（3）直面矛盾，寻求协调矛盾双方；

（4）有意图地参与到精神转型的工作中，共同创造那些重构形势的神秘事件；

（5）濒死经验、自我身份瓦解：认为时间和事件是某种象征，可以进行类比，并带有隐喻的含义（而不仅仅是线性的、数字化的、字面的含义）。

如果用通俗的语言描述，“自变”的个体可能会具备如下特征：

（1）他们认识到这个世界没有绝对的正确和错误，没有绝对的好和坏，可以放下自我的好恶和判断；

（2）他们能够清晰地理解自己的想法、思维模式并能够理解其他人不同的想法和思维模式，他们不会用一个思维系统去判断另外一个系统；

（3）他们可以形成流动的观点，可以意识到自己想法和观点的局限，对其他的观点持开放态度；

（4）他们可以从更大的时间跨度、更复杂的因果关系、更多元的利益视角来看待问题、处理问题；

（5）他们在自我的思维上不会感到矛盾和混乱，能达成内心的和谐统一。

因此，在自变者眼中：观点是流动的，而不是停滞的、固化的；世界是丰富多元的，而不是单一的、简单的；内心是和谐统一的，而不是矛盾挣扎的。

自变的人可以达成一种“高我”的状态：他们不再纠结于负面的情绪，如恐惧、嫉妒、憎恨、烦恼、忧心等；他们对自己、他人更加坦诚，更加真实，因为能够看清自己，而不会刻意掩饰自己；他们可以和自己融洽相处，不会感觉到孤独，甚至享受孤独；他们不再盲目崇拜，也不被各种观点左右，因此更加理智；他们更加健康，能够自我管理，生命中充满正能量；他们惠及他人，愿意传播善良；他们体验丰富，愿意探询人生的各个层面，有更大更高的人生目的和使命。

自变者在古代可能会被认为是圣人。如果你阅读孔子、老子等先哲的著作，会发现很多地方都闪耀着“自变”的智慧光芒。在现代，自变的人一定是有智慧的人。在未来，预计有更多的个体会达到自变的状态。有智慧的人的比例将有所增加（相应的研究数据也显示出了这样的趋势）。自变因而有可能会成为未来人类社会的主流思维模式，迈向自变的人生因此可以成为一种人生追求（这也是本书希望唤起大家注意的方面）。

自变和佛法所讲的理念非常接近。罗伯特·凯根也曾提到，有人告诉他自变的概念和佛法很接近（当然他并没有像彼得·圣吉那样研究过佛法）。佛法讲的也是一种高度自变的状态。但佛法讲究“戒定慧”，由戒生定，由定生慧，佛法提供了一条通过自律和勤奋修炼达成智慧的道路，可能并不是唯一的道路。我个人的体验是自变思维可以让我们更加容易理解佛法的内涵。自变的理念，至少从心理学的角度给我们每个人指明了一条心理成熟之路。你不需要一定去研习佛法，遵循佛教的戒律，而是通过在现实生活中的不断思考和锻炼，就能达成自变和智慧的状态。

在现实生活中达成自变的状态，有很多方法，如果没有关于自变理论的认知，个体获得自变的状态往往是通过现实中的历练得来的。这样的人往往遇到过严峻的挑战和苦难，经历过一般人没有经历过的挫折，同时又擅长于思考人生，总结经验。

我写这本书的目的就是让读者可以在认知“自变”理论的基础上，通过一些有效的方法和模式，来逐渐推动自己的思维接近或达到自变的状态。这些方法包括尝试学习教练（Coaching）、建立充分的自我认知、学习批判性的思维、了解自我的变革免疫系统和内在障碍等一系列方法。

可以明确的是，自变的人的最大特征就是会不断构建和不断自我进化，他们永远不满足于现状，而是认为自己可以不断成长。

发展自变领导力

能真心款待一种不被接受的思想，是一个受过教育的心灵的标志。

——亚里士多德

当今的社会和商业环境不断变化，面临众多的不确定性因素。这样的不确定环境可以用四个英文单词 VUCA（Volatile 动荡的、Unpredictable 不可预测的、Complex 复杂的、Ambiguous 不确定的）来形容。其实从古至今，人类面临的环境本身就是不断改变的。但随着科技的发展和人类的进化，我们感知到的变化和不确定性的确比以往更加剧烈。但是，总是有人可以应对这样的 VUCA 环境。

鲍勃·约翰森（Bob Johansen）在他的《领导者决定未来》（*Leaders Make the Future*）一书中，将 VUCA 的环境和 VUCA 领导者作了关联。他认为未来的领导者是具备远见、领悟力、清晰度和敏锐性的，因此 VUCA 的环境将激发 VUCA 领导力。

如果将这个概念更加具体化，用领导力的语言表达，我会把 VUCA 领导者也称为“自变领导者”。

- 远见（Vision）带来“预测未来”和“管理不确定性”的领导力；
- 领悟（Understanding）带来“领悟力”和“破局能力”的领导力；
- 清晰（Clarity）带来“定力”和“正道力”的领导力；
- 敏锐（Agility）带来“创新”“变革力”和“发展他人”的领导力。

而自变领导者会具备一系列面向未来的卓越领导表现（如图 1-3 所示）。

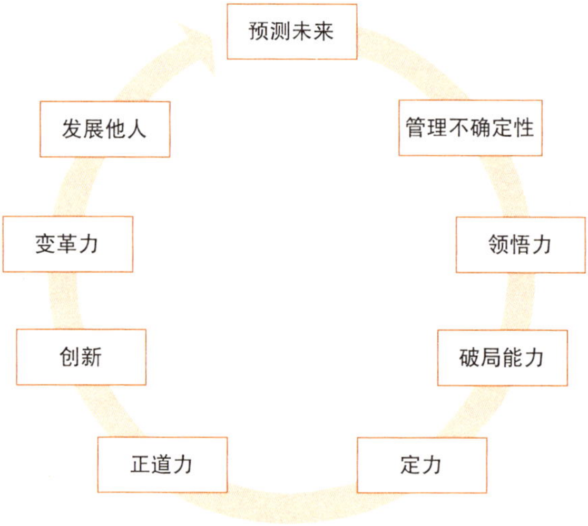

图 1–3　自变领导者具备的领导力

在《领导者决定未来》一书中，鲍勃·约翰森也提出了未来领导者应该具备的十大领导技能，包括创造本能、清晰、扭转困境、沉浸式学习、生物同理心、建设性和解、低调透明、快速构建、聪明的暴民组织、公地创造。这些领导力的视角更多的是从人类和社会的角度出发。而上面我提出的“自变领导者”的九项关键领导力则聚焦于基于特定的使命和目标的组织内部的领导者状态。

不管从哪个角度，可以肯定的是未来的领导者状态将发生改变。这源于外部的环境的变化，如科技水平的提升（人工智能、虚拟现实、云计算、机器人和物联网等）、人的群体变化、组织的结构演变等因素；也来源于人的内在状态，如不同时代人类特质的演变、人的头脑复杂度的提升、人的神经系统的演化等。

因此，有效的领导者总是能够预测未来，能够通过不断改变来适应环境，让自己和自己领导的组织立于不败之地。纵观历史,有着很多能够这样应对不确定环境的杰出的领导者案例。如大家耳熟能详的诸葛亮，可以运筹帷幄，决胜千里之外；又如毛泽东在政治和军事上具有杰出领导才能，他战胜种种曲折困难，取得了最终的胜利。

在如今的商业社会，乔布斯已经成为一代人的商业英雄，就是因为他具备高瞻远瞩的能力、引领创新和领导变革的能力、深刻的行业影响力，这些都是世界级领导者的卓越表现。这就是一种高度的“自变”状态。

在中国，我们也不乏这样的杰出商业领袖。海尔的张瑞敏一直在践行“自以为非”的理念，在海尔还非常强盛的时候他却作出裁减掉上万名中层管理人员的决定。这样的变革不可谓不大胆，不可谓不前瞻，体现了张瑞敏对行业的深入分析和敏锐判断，他敢为人先，在危机没有来到前就果敢变革，激活组织。这些都是自变领导者的绝佳案例。

什么是自变领导力

我提出“自变领导力”的理论基础源于哈佛大学教授罗伯特·凯根的成人发展理论。自变是个体心智发展可以达到的最高阶段。

罗伯特·凯根是哈佛大学著名的构建发展心理学专家。他认为每个个体在成长中会经历不同的头脑演化阶段，和身体发育不同，人的认知、道德和社交发展并不是一个顺其自然就可以完成的事情。个体的生活经历会促进或者阻碍人的发展，有时甚至会禁锢人的发展。

按照罗伯特·凯根的理论，我们的头脑意识是可以转化的。在我们开始回想、反思我们接受到的信息并作出判断和决策的时候，转变就可能发生。转变的发生有很多种方式，其中一种就是从“主体”（控制我们的因素）到“客体”（我们可以掌控的因素）的转变。罗伯特·凯根曾经说过：“当一个人发生变化的时候，他的学习方式也发生了转变，不只是他的行为方式和感受，也包括他的学习方式。”

罗伯特·凯根的成人发展理论将人的头脑发展分为五个阶段（如图 1-4 所示）：

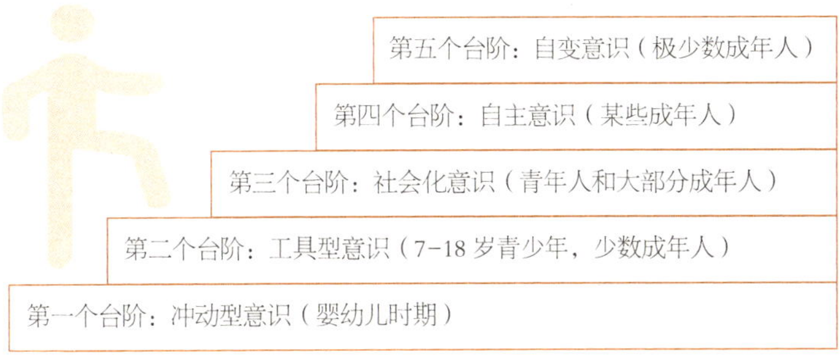

图 1-4　人的头脑发展的五个阶段

第一个意识阶段——冲动型意识（婴幼儿时期）：婴幼儿对事物还没有持久的认识，他们会认为世界上的事物不会随着时间的推移而发生变化。

第二个意识阶段——工具型意识（7-18 岁的青少年，少数成年人）：这个阶段的思维模式往往会让他们认为昨天的规则或许同样适用于今天。如果规则阻碍了他们，他们更愿意想办法甩掉规则。虽然他们能意识到其他人有自己的想法和欲望，但让他们抱有同理心不太现实，因为他们无法感知和掌控自己的需求和欲望。在这个意识阶段，冲动和欲望是主体，主导着个体的言行。

第三个意识阶段——社会化意识（青年人和大部分成年人）：处于这个阶段的人不再把他人简单看作达成目标的途径，

他们开始有能力压抑自己的欲望，顺从他人的想法。在第三个意识阶段，个体的冲动和欲望已经变为了客体，是我们可以掌控的因素。处于这一阶段的人能够理解他人的感受和情绪，并容易接受他们看重的人或者组织的引导。在第三个思维台阶的时候，他人的意见和想法往往会对我们自己的意识构建产生巨大的影响，但我们往往意识不到这样的影响机制存在。

第四个意识阶段——自主意识（某些成年人）：处于第四个意识阶段的成年人能够营造另一个“自己”，从第三者的角度去审视自己和他人的关系。到了第四个意识阶段，社会关系因素就变成了“客体”，他们因此能够重新审视各种规则、体系和观点，也能够协调各种观点和意见。处于第四个意识阶段的人可以充分驾驭各种规则，并依此作出决策，协调多种矛盾。

第五个意识阶段——自变意识（极少数成年人）：处于第五个意识阶段的人能做到第四阶段的人所能做到的一切，他们还能够意识到自己内在标准的不足，以及建立自我标准体系的局限性。处于第五个意识阶段的人会从众多人的内心标准中看到差异背后的相同点。

实际上人的能力发展和头脑意识的发展紧密关联，如果从罗伯特·凯根的意识发展角度来看，能力显然和不同的头脑意识阶段（Order of Mind，或者叫“头脑复杂度”）紧密关联。在我开始写作本书时，我尝试将能力和头脑意识阶段关联起来

（如表 1–1 所示），我们也发现了头脑意识阶段对于个体能力的分水岭效应。

表 1–1　能力与意识阶段的关联

意识阶段	关联能力（领导力）	能力状态	学习模式	可能的负向表现
自变意识	· 远见 · 创新 · 管理不确定性 · 领导变革 · 教练	自变领导力	批判和创新式学习（系统分析和理解不同知识体系并能批判、融合和创新，甚至创造新的知识）	· 超脱 · 看空 · 无为
自主意识	· 推动结果达成 · 影响说服 · 关系管理 · 适应和推动变革	管理能力	应用和参与式学习（有效掌握，应用和实践知识体系，理论和知识体系的信仰者）	· 顽固不化 · 缺乏变通 · 强势自大 · 彰显信仰 · 教条主义
社会化意识	· 人际沟通 · 团队合作 · 达成任务	一般通用能力	被动接受式学习（被动接受，记忆和理解知识，受知识的影响但可能无法理解知识体系的来源，问题和局限以及和其他体系的关联）	· 从众盲目 · 接受控制 · 随波逐流 · 世俗片面

经典的能力理论认为个体的能力来源于我们后天习得的知识、经验、技能；也来源于我们内在形成的价值观、性格、动机等内在因素。但和罗伯特·凯根的理论结合，我们就可以

看到，这些因素是由我们成长的各个阶段逐渐构建和发展而来的。因此，我们的知识经验和性格等因素都是由我们的头脑复杂度（意识阶段）决定的。不同的头脑复杂度决定了人们体现出的能力高低。

具备第五级头脑意识阶段——自变意识的个体，如果表达相应的能力，就可以焕发出一种强大的领导力，我将其称为“自变领导力”（Self-Transforming Leadership）。

具备自变领导力的领导者能够全面、前瞻、系统地观察世界；能够基于自我的知识体系更加清晰地认识世界、发现趋势、确认未来；在战略、业务模式、产品和服务等方面，能够更加深度理解客户需求和产品服务特质，并提出创新想法和模式，主导组织内部的变革行动；自变领导者在对人的要求上也更加超越，一方面自变领导者可以客观看待团队人才的优势和不足；另一方面，自变领导者会更多地采用教练和引导的方式，以促进他人改变，持续发展人才。正如汤姆·彼得斯（Tom Peters）所说，自变领导者“不是创造跟随者，而是创造更多的领导者”。

提升我们的头脑复杂度

如果世间真有这么一种状态：心灵十分充实和宁静，既不怀恋过去也不奢望将来，放任光阴的流逝而仅仅掌握现在，无匮乏之感也无享受之感，不快乐也不忧愁，既无所求也无所惧，而只感受到自己的存在，处于这种状态的人就可以说自己得到了幸福。

——卢梭

发展的挑战

我们都可以意识到自己身体的成长和发展，也会感知到自己从小到大身高和体重的逐渐变化，通过锻炼我们会发现肌肉更加发达。当我们从儿童成长为成年人时，可以意识到自己知识技能的拓展。但大部分人都不能主动观察自己的头脑意识的成长：我们的头脑到底如何发展？我们能够控制这样的成长吗？我们头脑成长的目标是什么？

“头脑复杂度”理论帮助我们了解到人在不同阶段的头脑意识发展状态，并总结出五种不同的头脑复杂度表达模式。当我们将能力的概念和头脑复杂度的概念关联，会发现能力即是个体在不同的头脑意识状态下展现出来的行为模式，也是不同的头脑意识状态应对外部世界的直接反映。每个人的成长过程（如图 1-5 所示），会不断地塑造自我的价值观和性格，也会不断地累积经验和知识技能，这个过程逐渐形成了不同的头脑意识状态。现在的脑科学研究正在致力于揭示头脑是如何构成和作用的，未来我们可能会更加有效地揭示大脑的内在成长和运作机理。“头脑复杂度”的理念已经帮助我们从心理学的角度构建了个体成长的多个阶段的有效理论模型。

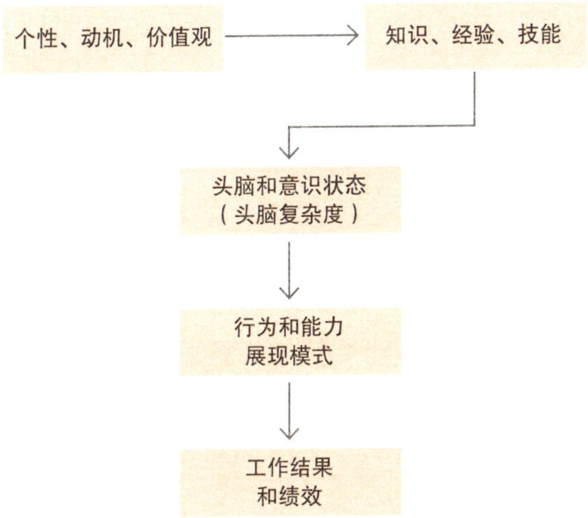

图 1–5　头脑复杂度关联要素

罗伯特·凯根教授认为人的头脑对于世界的认知是一个不断从“主体”转变为“客体”的过程。这里的“客体”是指我们可以掌控的事物（意识、过程、事件、实体等）。我们理解的客体可以是一个具体的物体，如杯子、汽车等。但客体也包含很多抽象的概念，如一个人的情绪、行为、欲望、思维模式等。与之相对的“主体”则是一个人无法控制的，并被其控制和影响的状态。比如，当我们感到莫名奇妙的“沮丧”，“沮丧”这种情绪控制着我们，但我们却无法马上意识到并消除掉它。这时候，“沮丧”的情绪对于我们而言就是“主体”，它控制着我们，但我们却无法有效掌控它。如果我们能够马上意识到情绪在我们内心的升起并可能有效管理和控制，情绪对于我们而言就变为可以被控制的“客体”了（如表 1–2 所示）。

表 1–2　头脑发展阶段的主客体转化

思维的五个台阶	客体	主体	意义构建的结构
第一个台阶 冲动型意识 （婴幼儿时期）	本能反应	冲动 认知	单一的点　·
第二个台阶 工具型意识 （7–18 岁青少年，少数成年人）	冲动 认知	需求 兴趣 欲望	同类 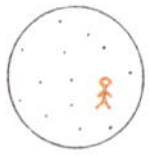
第三个台阶 社会化意识 （青年人和大部分成年人）	需求 兴趣 欲望	人际关系 亲密度	跨越同类 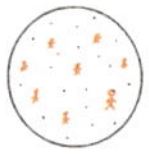
第四个台阶 自主意识 （某些成年人）	人际关系 亲密度	自主管理 身份 意识形态	系统 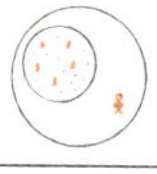
第五个台阶 自变意识 （极少数成年人）	自主管理 身份 意识形态	辩证法思想	体系环境 

能力状态有难易和我们的数据验证

按照“头脑复杂度”的理论，人的不同的头脑意识阶段决定了一个人是否能够更加有效地掌控相应的能力。在罗伯特·凯根和其他学者的相应数据研究中，他们发现在一个大型的组织中，58% 左右的人处于社会化意识的状态，35% 的人处于自主意识状态，只有少于 1% 的人具备自变意识（有一部分人处于三种形态的转变过程中）。这和不同能力在现实中的展现是可以互相印证的。你会发现“自变领导力”在组织中是稀缺的，最难发展的；其次是“自主意识”主导的“管理能力”；最容易体现的往往是“社会化意识”层面下的“通用能力”，如团队合作、达成任务等。

基于我们的人才测评数据，我们希望能够从能力测评的领域来验证这样的理论推断。因此，我们作了一个非常有趣的能力测评数据分析。

我们从过去十年间展开的 360 度能力评估项目中选取了 21 个项目的数据，在这 21 个项目中，共有 3 881 名企业相关人员参与了对 367 名管理人员和职业人士的 360 度能力评估。我们将这些数据中的能力作了统一的归类，最后汇总明确了 20 项关键的能力。当汇总数据后，我们希望看到这些基于能力的评分验证我们关于“头脑复杂度导致的能力状态难易”趋势判断。

经过相关性分析处理之后，我们得出了如下的整体能力评估分数，数据的研究验证了能力状态难易程度和头脑意识阶段关联的推断（如表 1–3、图 1–6 所示）。

表 1–3　360 度能力测评数据研究分析表

序号	能力名称	能力状态	关联意识	得分
1	团队领导力	自变领导力	自变意识	3.81
2	企业家精神	自变领导力	自变意识	3.83
3	领导变革	自变领导力	自变意识	3.88
4	辅导和发展他人	自变领导力	自变意识	3.92
5	战略思考 / 远见	自变领导力	自变意识	3.92
6	确信与坚持	自变领导力	自变意识	3.94
7	创新	自变领导力	自变意识	3.96
8	管理他人	管理能力	自主意识	3.95
9	计划与组织	管理能力	自主意识	3.95
10	影响力与说服力	管理能力	自主意识	3.97
11	关系管理	管理能力	自主意识	3.97
12	深层分析和解决问题	管理能力	自主意识	3.99
13	适应变革	管理能力	自主意识	4.00
14	推动结果达成	管理能力	自主意识	4.03
15	决断力	管理能力	自主意识	4.04
16	团队精神与合作	通用能力	社会化意识	4.01
17	以客户为中心	通用能力	社会化意识	4.03
18	持续学习	通用能力	社会化意识	4.04
19	抗压、恢复与顺应力	通用能力	社会化意识	4.09
20	正直	通用能力	社会化意识	4.09

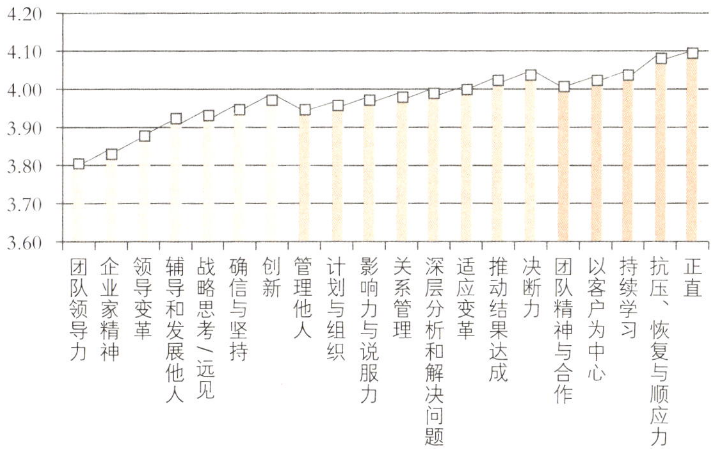

图 1-6 360 度能力评估数据示意图

数据的分布从趋势上很好地证明了我们的理论推导，那就是如“团队领导力”“企业家精神”“领导变革”“辅导和发展他人”“战略思考 / 远见”这些我们称为“自变领导力”的能力的得分处于最低的区间；而由“自主意识”推动的管理能力，如“管理他人”“计划和组织”“影响力与说服力”“关系管理”和“推动结果达成”等处于得分中间的区域；而“团队合作”“抗压、恢复与顺应力”等能力处在得分最高的区间。

以上数据分析的结果可以让我们得出如下的判断：

（1）能力状态本身是有难易之分的；

（2）不同的头脑复杂度决定了不同的能力表达；

（3）提升能力应该从提升人的头脑复杂度开始。

能力显然和不同的头脑意识阶段（头脑复杂度）紧密关联。基于上面的简单数据分析，我们会发现不同的头脑复杂程度与能力的强关联关系。

从表 1-1（前文已提到）中，我们认为“社会化意识”导致个体会比较容易掌控“一般通用能力”，如“团队合作”“达成任务”等，因为人要想在社会化的环境中生存，就必须具备与他人合作、适应社会分工和完成社会分配任务等能力。

“自主意识”会支持“管理能力”的表现。一个个体在组织中进入管理者的状态后，会按照“管理者”的身份认知行事，他们会主动“推动结果达成”“影响与说服他人”，进行“关系管理”和“推进变革事项”。作为管理者，由于具备自主的意识，他们并不会随便附和别人的想法，也会更加客观看待他人的行为和工作状态。

如果一个人具备了“自变意识”，会更容易进入一种“自变领导力”的状态，与之对应的是，他们会表现出更加强大的“创新”“领导变革”和“战略思考”等方面的领导力。

提升头脑复杂度

罗伯特·凯根有一个关于领导力发展非常好的论述："如果不能更好地理解人类发展——它是什么、如何增强、如何限制，所谓的'领导力发展'将很可能沦为'领导力学习'或'领导力培训'。这样所获得的知识和技巧，就像在现有操作系统中加入新文件和新程序。它们可能有一定价值——新的文件和程序确实可以带给你更多的领域和选择，但你利用它们的能力仍将受当前操作系统的限制。真正的发展是改变操作系统本身，而不是简单地增加知识储备或行为技巧。"

在罗伯特·凯根看来，我们的头脑如同电脑。要提升电脑性能，首先需要升级操作系统，而后才能够安装更加强大的软件和程序，最终得以发挥更好的效能。同样，发展个人领导力也是如此：首先需要提升头脑的操作系统（头脑复杂度），而后更高层面的头脑复杂程度可以更好地帮助个体学习、掌握和发挥更高阶的领导力和技能，并最终帮助个人和组织达成更高的绩效。

一般认为，任何的能力发展都会经历四个关键阶段（如图1-7所示）：当一个人从"没有意识自我的能力不足"演进到"意识到自我的能力不足"时，实际上就是经历着头脑复杂度的提升；经过这样的发展阶段后，能力的学习才会更加有效，

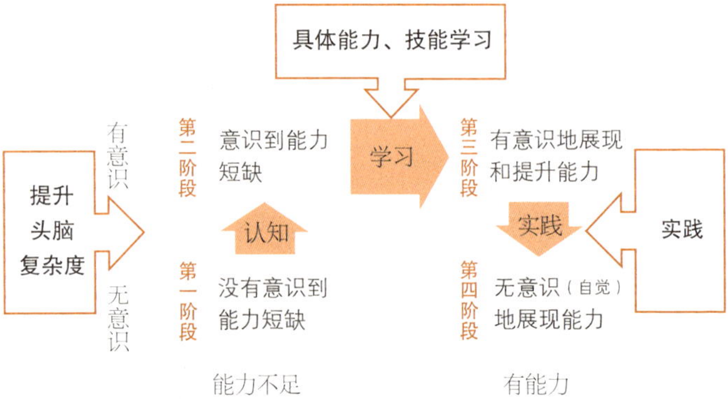

图 1–7　能力发展的四个关键阶段

也会更容易让个体从“意识到能力不足”发展到“有意识地学习和掌握能力”的阶段；当掌握能力后，就可以通过实践不断锻炼，最终将能力变为“自觉的展现”状态。

那么如何提升人的头脑复杂度？自然的能力提升是随着一个人的成长和发展逐渐构建和形成的——这就是构建发展主义的关键含义。如乔布斯曾去印度探索修行，被逐出苹果公司后进入动画、电影等领域，这些经历一点一滴地塑造了他看待世界的观点和角度——这就是我们所说的头脑复杂状态的提升。

从近几年的发展过程中，我们发现通过“SIAC 领导力发展模拟舱”的形式可以帮助塑造一个人的头脑复杂度。在“SIAC

领导力发展模拟舱”[①]中，通过高度模拟的活动，学员之间的行为可以被具化评估和反馈，再加上对学员自我性格和现实表现的解读，我们能够帮助学员将以往的“主体”（自己无法控制的状态）转化为可以控制的“客体”。通常情况下每个人倾向于按照自我的行为习惯和性格特点行事，但在自我认知的过程中，这些要素（个体的行为细节）逐渐演变为了可以具体看到的要素，并能够进行量化评估。再通过学员之间的互相的对比和深入的交流，这些要素就变成了可能被控制和改变的状态——这整个过程都属于提升头脑复杂度的过程。

通过上万名学员的学习实践，我们证明了这种方式的有效性，而这样的方式也涵盖了领导力（能力）发展的四个关键环节：通过“SIAC 领导力发展模拟舱”的方式发展领导力不仅仅限于添加技能和提升现有能力，而是从提升意识和认知层面入手，提升学员的头脑复杂度和认知水平，具化学员未来可以掌握的领导力内涵，触发学员学习的动机和热情。这种方法可以加速领导力的学习速度，使得个体和组织在后续的领导力发展过程中更加有的放矢，并能够将其带入到具体工作中不断实践。

因此，未来的领导力发展应该更加明确如下的行动：

（1）理解个体的领导力（能力）差异源于不同阶段的意识和认知，因此组织和个体可以更加客观地看待领导力（能力）

① “SIAC 领导力发展模拟舱”是海问联合拥有知识产权的领导力发展体系。

的现实表现差异；

（2）发展领导力（能力）始于提升个体的意识和认知（提升人的头脑复杂度），因此组织的领导力（能力）发展首先着眼的地方在于如何帮助个体提升头脑复杂度；

（3）提升头脑复杂度需要创立一种全新学习的环境，在这样的环境下，学员可以学习更加客观地看待世界、周边环境、人际关系和自我内在的状态；

（4）组织需要重视实践和现实经验带给人头脑复杂度的提升的关键作用，因此在选拔和发展人才的过程中要更多地强调实践和经验累积的作用，如为人才提供高挑战的工作环境，为人才创造跨领域的工作机会或强调工作中的不断反思和学习的过程。

随时代而升级的能力

人生而自由，却无往不在枷锁中。

——卢梭

能力不是不确定，而是面临着升级的要求

能力是人应对不同环境挑战的产物。当我们的环境发生变化时，不同的人会以不同的头脑认知和行动来应对，就会表现出不同层面的能力状态。

在上一节，结合罗伯特·凯根教授的头脑复杂理论，我将能力按照不同的头脑意识级别分为三个级别（如表 1-4 所示），分别是社会化意识支撑的“一般通用能力”，自主意识支撑的“管理能力”，自变意识支撑的“自变领导力”。

表 1-4　意识和能力的关联

意识阶段	关联能力（领导力）	能力状态
社会化意识	人际沟通，团队合作，达成任务……	一般通用能力
自主意识	推动结果达成，影响说服，关系管理，适应和推动变革……	管理能力
自变意识	远见，创新，管理不确定性，领导变革，教练……	自变领导力

从意识和能力的关联来看，能力实际上是不同的头脑意识级别的具体表达。当我们身边的环境发生剧烈变化时，也就意味着环境对于个体和组织提出了更高的要求，就需要我们用更强大的能力来应对。

举个简单的环境与能力关联的例子。如我们在海边游泳休闲时并不需要什么特别的能力，而海边的救生员由于天天需要面对可能发生的危险和事故，就需要他们具备对环境的判断能力、很强的游泳能力以及救生能力。

同样地，当我们所处的社会和业务环境剧烈变化时，我们的能力也需要升级应对。二十年前的中国，创新和创业的概念可能只能在教科书中找到，但现在创新和创业已经成为这个时代的现实写照。

因此，可以看出时代的前进呼唤更高层级的能力，包括创新、创业、变革、管理不确定性、预见未来等。在新的时代下，能力要求并非不能确定，而是需要升级！

我们的时代发生了什么变化

20世纪中叶，欧美的主要发达国家已经步入后现代社会，而中国的社会发展相对滞后。改革开放以来，中国的主要一二线城市逐渐工业化，进入了现代社会。最近十年，一些大型发达城市，如北上广深，已经逐渐进入后现代社会，而很多三四线城市和农村地区，还处于一种传统社会的形态。因此，我们现在感知到的时代实际上是一种传统、现代和后现代的混合状态。这带来了巨大的冲突和复杂的感觉。

如果你生活在类似于北京或者上海这样的城市，就能够清晰体验到这些地区正在经历从现代社会向后现代社会的转型。这样的转型体现在多个层面。

社会形态：过去的人们高度依附于组织，而现在越来越多的人独立于组织，成为职业的个体工作者。随着生活的富足，人们也越来越有机会选择自己愿意做的工作。

市场状态：中国经历了从农业社会到工业社会，再到服务业主导的社会的快速转化。现在农业人口在剧烈减少，而制造业从业人员也在减少，很多以前做制造业的人现在都从事了服务行业。

组织状态：组织的形态越来越多元，很多组织现在都在落实类似于阿米巴式的管理，更多的人成为合伙人、创业者或者知识型的独立工作者。传统的雇佣关系正在悄然被改变。

科技和互联网：互联网经济不断蔓延，打破了信息的壁垒、行业的壁垒。现在的人工智能、物联网等新科技无疑会打破更多万物之间的壁垒，实现万物互联。互联网和科技的发展正在快速地整合这个世界。

由于时代的变迁，我们的能力自然就会被要求同步升级。这些能力可能对农业社会中的农民，或者工业社会中的工人（及工人的管理者）都不大会被要求的。

时代的变迁带来了人们头脑的变化和升级

头脑意识层级实际上也对应着不同的社会形态：

（1）社会化的意识对应的是“传统社会”；

（2）自主的意识对应的是“现代社会”；

（3）自变的意识对应的是“后现代社会”。

传统的社会典型状态是农业社会，这样的社会具备“习俗支配”“阶层性”“身份导向”“生产导向”等特征。在传统社会，由于自然的不可预测性，人们常常感到焦虑和不安，这些不安全感通过依赖传统和权威得以消除。在这样的社会形态下，维持人际关系和维持与权威的联系成为了至关重要的要求。传统社会的能力要求是人际导向的能力要求，“世事洞明皆学问，人情练达即文章”。因此传统社会中往往倡导权威规范主导的文化，要求人们忠诚、顺从、善于利用人际关系来达成目标。

工业化来临，人类社会逐渐步入了“现代社会”，现代社会的特征是“都市化”“工业化”“世俗化”和“普遍参与”。人们的自主意识逐渐被唤醒。在现代社会中，典型的个体开始具备独立的自我意识和身份认知。他们有自己的明确身份特征，如经理人、医生、律师等。他们有自己的独立判断、不简单趋同于特定的主流权威思想。

而后现代社会就是后工业化的社会，其特征是“高度信息化”“高技术”“消费导向”和“社会的高度发达”。在后现代社会中，由于信息的高度发达和科技的进步，以及人类对于工业化造成的问题（如环境污染、气候变化、贫富分化等）的反思，人们倾向于更加全面辩证地思考人类面临的问题，克服二元对立的思维，因此会开始倡导一种相互受益和辩证共生的模式。

显然，后现代社会的现实要求人们更加具备“自变意识”模式，这就需要更多的能力如创新创造、不断变革、管理不确定性等，我们将这些能力称为“自变领导力”。

头脑的升级最终体现为能力的升级

随着社会形态的演进，人的头脑复杂度也需要相应提升，表达的能力自然也呈现出升级的状态。头脑和能力的升级可以从一个人对于时距、因果关系、利益相关方、控制感的看法和处理模式中得到验证。

表 1-5　不同意识级别的关键差别

	工具型意识	社会化意识	自主意识	自变意识	举例
时距	期待付出马上有结果，无法忍受长时间的忍耐，牺牲和付出，希望尽快获利或者会选择放弃	可以理解时距增加的抽象概念，但对于时间的增加会感到不安，需要指引和帮助	能够理性理解时距增加的必要性，并展开更全面的思考	可以较大时距跨度的思考，并耐心接受时间的演化并可以利用时间的演化	不同的投资者对于时距的看法和接受度不同导致了投资的结果差异。巴菲特倡导的价值投资体现了对于时间距离的高度容纳和善于利用

续表

	工具型意识	社会化意识	自主意识	自变意识	举例
因果	需要理解因果关系，对于很多复杂的因果关系无法理解	有更强的因果关系洞察力，在因果关系模糊时，可以通过假设来建立因果关系，对于人际间的因果关系更加敏感和介意	因和果之间的时距在增加，能容忍模糊性以及期待和实际结果的落差，愿意不断寻求最佳的因果答案和不断追求完美状态	理解世间万物的关联不是简单的线性因果关系，开始理解混沌、未知和模糊的状态并建立更加复杂的因果认知	成功的创业有时显得诡异。马云原来只是一个英语老师，随后的互联网狂热者，但随后创立的阿里巴巴成为世界级的互联网公司，显示出这个世界的因果关系绝不是简单的线性关系
利益相关方	很难容纳多元和不同的观点和管理利益的分歧，希望我的观点是对的，别人都必须接受	人群中的权威或者大多数人的观点很容易被认为是正确的观点而被推崇和植入，其他的观点和利益方将被视为错误的或者敌对的，容易陷入对和错，“我们”和“你们”这样的对立观点中	可以更加客观看待不同利益相关方，可以理解不同利益相关方的共性和差异性，但在不同和差异下，容易产生竞争状态	非常自然的看待和采纳多元观点，足够的包容，可以更深层次地理解利益相关方的共识和分歧	企业内部倡导的教练文化就是鼓励聆听、接纳、理解更加多元的观点，这种模式让人可以更加深度认可不同人的观点和利益，从而形成更加多元的思维模式
控制感	对于控制的无力感，感觉无法掌控环境和他人	认为控制是更高阶的权威者的责任，愿意放弃控制感，从而体现出顺从和融入	希望通过自己的理念掌控局面，但会感受到冲突和控制度不见得达成预期结果的矛盾状态	理解控制背后的问题，认为控制可能只是一种假象，实现可能的无为而治	海尔倡导的小微企业组织形式放弃了一些传统的管理和控制，却更大层面激发了组织的活力和创造力

（本表格内容源于《领导者的意识进化》一书，有改编）

表 1–5 列出了不同的头脑意识在这四个维度上的表达差异，从表中也可以看出由于头脑的差异，能力的表达和工作的结果也会有明显的不同。

对于时距的看法：不同的人对于事物发展的时间长度的看法是不同的。以股票投资为例，有些人做短线，有些人做长线，而巴菲特选择更长时间的持有。因此，奉行价值投资的高瓴资本的创始人张磊就提出“要做时间的朋友”。的确，选择和时间做陌生人、对手和朋友的确是不同头脑复杂度的人对于时间的态度，而取得的结果也就有所不同。

远见的能力实际上就是一种对于时距的看法。具备远见能力的人能够分析判断未来三到五年行业态势的变化，能够分析自我组织的应对策略，并提出中长期的解决方案。由于未来都是高度不确定的，能够容忍时间带来的不确定性，发现事物的本质规律，就是“远见”这样的能力的具体体现。

对于事物因果的看法：对于因果关系的复杂程度及其模糊性的容忍度也决定了一个人的头脑复杂度。大多数人都希望寻求简单的因果关系，而少数人才能够从更加复杂和多元的角度来看待事物的因果，形成对于事物成因的更具深度的认知，他们也可以容忍更大的模糊性。

创新能力的内涵源于一个人对于事物因果关系的看法。很多时候当我们看到创新的产品如苹果手机、特斯拉汽车时，我们都会被它们的创新折服，实际上这来源于一种对于其内部因果关系的改变的冲击。比如原来汽车上都是按钮，当我们看到特斯拉将汽车变成一个电脑屏幕操控的模式时，也改变了我们对于汽车内部因果关系的看法。

对于利益相关人的看法：头脑复杂度的提升可以让我们更多地看到别人的看法,并可以有效整合不同的观点和利益诉求。

领导变革的核心就是利益相关人的整合。如何平衡不同利益相关人的想法和诉求，并通过有效的措施突破利益阻碍，整合不同观点。恰恰是变革领导者的核心工作所在。

对于控制感的掌握：社会化意识的人依赖权威的思想来实现控制，自主意识的人通过自我的理念尽量掌控，而自变的人甚至可以做到无为而治。

从控制的角度，团队领导力的能力提升实际就是要求领导者逐渐放弃控制的欲望，而实现一种更高层面的管控。

总结起来，我们可以清晰地看到社会形态和人的头脑意识以及能力表达的对应关系。因此，当我们的社会在剧烈转型时，我们的能力也需要相应的升级和转型。中国的发达区域正在步入后现代的社会形态，这要求那些引领时代的人才体现出更强大的自变领导力来应对。新的时代也要求组织快速界定出适合组织的更高层面的能力要求，这显然是时代环境带给我们的无法回避的课题。

头脑复杂度和自我激励升级

“工作可以残酷而无聊，但也可能充满乐趣和刺激。”最好的体验和最坏的体验都在工作中，而非休闲中。工作中好的体验与个人性格密切关联，故常常存留和藏匿在私人的内心，当事人未必有广而告之的愿望。

——米哈里·契克森米哈赖《心流》

头脑复杂度实际上也会影响到我们每个人的自我激励机制。谈到激励机制，我们首先列举三个人物：秦玥飞、巴菲特、任正非。

人物一： 秦玥飞是“感动中国2016年度人物”。他的动人之处在于作为一个耶鲁大学的高材生，毕业之后，放弃了报酬丰厚、环境优越的工作机会，而是选择到湖南省衡山县贺家乡贺加山村做一名大学生村官。其间他做了很多工作，包括改善水利灌溉系统、硬化道路、安装路灯、修建敬老院等。在2014年服务期满时，秦玥飞放弃了提拔的机会，转至福田铺乡白云村继续担任大学生村官。为吸引更多优秀人才服务乡村，秦玥飞发起了“黑土麦田公益项目”，招募优秀毕业生到国家级贫困县从事精准扶贫和创业工作。很多来自清华、北大、复旦等院校的大学生受他的感召都纷纷加入了这样的乡村建设和扶贫创新活动中。

人物二：巴菲特虽然是世界上最富有的人，但他还住在奥马哈五十多年前花三万美元购买的一处老房子中，最喜欢的食物是樱桃味可乐和热狗。这和他数百亿美金的资产形成了鲜明的对比。

人物三：2016年任正非深夜机场独自排队等出租车的照片广为流传，很多人诧异于他作为中国顶尖企业的领导者，还能这样的简朴出行。

三位人物年龄不同、职业不同，但却有共同点。

那就是他们都选择放弃了很多可以与他们的学识、财富和地位相匹配的物质层面的需求满足，转而接受那些相对较差的物质环境。换句话说，就是他们都不再被物质需求所吸引和激励。而他们在更高的层面恰恰能够得到更大的满足。其实，很多卓越的领导者或者成功人士，都普遍具备这样的状态，那就是他们可以延迟满足自己的物质需求，甚至直接放弃这些需求，而是选择追求那些更高层面的需求。而这种需求层面的追求反差是不是恰恰是这些人士成功的原因之一呢？

要理解得深入一些，我们可以从马斯洛的需求层次理论来看（如图 1–8 所示）。

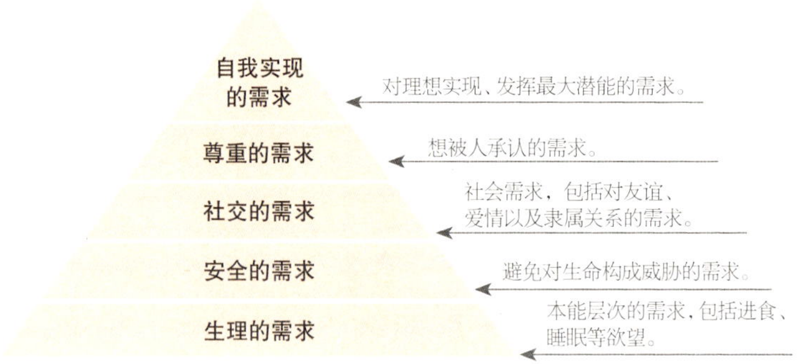

图 1–8　马斯洛需求层次理论

除了以上五个层次，马斯洛后期认为人还有自我超越的需求（Self-transcendence needs），可以看作第六个层次。不同的需求层次形成了驱动我们的激励因素。

第一层，生理的需求。保证了人作为个体正常运行的基本条件（除性以外），因此，是最基本的激励因素。生理需求是推动人行动的最根本的动力。马斯洛认为，只有这些最基本的需求被满足后，其他的需求才能成为新的激励因素。

第二层，安全的需求。它激励人们寻求安全的状态。

第三层，社交的需求。当生理和安全需求得到满足后，人们会追求第三层次需求，人们希望相互联系并得到照顾。

第四层，尊重的需求。这一层是人们获得尊重的需求，包括追求社会地位，获得对于自身能力的承认。尊重的需求又可分为内部尊重和外部尊重。内部尊重是指一个人希望在各种不同情境中有实力、能胜任、能独立自主，就是人的自尊。而外部尊重是一个人希望有地位、有威信，受到别人的尊重、信赖和高度评价。

第五层，自我实现的需求。指实现个人理想、抱负、发挥个人能力的需求。达到人的自我实现境界，自觉性高、善于处事、能完成与自己的能力相称的事情。

第六层，自我超越的需求。它是马斯洛需求层次理论后期的一个重要延展。

马斯洛的需求层次从低到高，按级别逐级递升。某一层次的需求相对满足了，就会向高层次发展，追求更高层次的需求就成为驱使行为和激励个体的动力。相应地，获得基本满足的需求就不再是激励因素。但也有一些学者对马斯洛的需求层次理论提出了批判和质疑。质疑主要集中在这样的层次是否清晰存在，或者是否当一个人满足了低层次的需求后才能（或者就能）向着高层次的需求发展。

前面讲到的三位人物显然并不完全符合马斯洛的需求层次要求。怎么解释需求没有按照层次有序演化？或者怎么解释有些人可以获得需求层面的直接跨越呢？

头脑复杂度理论本身就传承了马斯洛的需求层次理论，但我们可以从该理论中找到需求超越和激励需求的一些根本原因。

表 1-6 马斯洛的需求层次理论和罗伯特·凯根教授的头脑复杂度理论的关联

理论框架 / 层次	马斯洛需求层级	凯根的头脑复杂度模型	主客体关系
1	本能 / 生理的需求	冲动型意识	主体：冲动 / 认知； 客体：本能反应
2	安全的需求	工具型意识	主体：需求 / 兴趣 / 欲望； 客体：冲动 / 认知
3	社会的需求	社会化意识	主体：人际关系 / 亲密度； 客体：需求 / 兴趣 / 欲望
4	尊重的需求	自主意识	主体：自主管理 / 身份 / 意识形态； 客体：人际关系 / 亲密度
5	自我实现的需要 / 超越个人和灵性的需求	自变意识	主体：辩证思维； 客体：自主管理 / 身份 / 意识形态

表 1-6 中体现了马斯洛的需求层次理论和罗伯特·凯根教授的头脑复杂度理论的层级关联。而头脑复杂度理论从主体和客体之间的转化说明了人的需求和激励因素的内在演化规律。那些控制我们的因素（主体）会成为内在激励我们的要素。如和“安全的需求”对应的思维模式是“工具型意识”，在这个阶段，控制我们的主体是我们的需求、兴趣和欲望。这样的人（特别是青少年和部分的成年人）的主要激发因素就是满足欲望和需求。我们可以看到很多现实社会中的人在不断追求物质的更大满足，就是一种被欲求控制的状态。而当人的头脑演化到“自主的意识”状态时，控制我们的主体因素演化为我们的身份认知和意识形态。这时候能够激励我们的因素就升级为我们高度认可的思想和意识形态，以及自我的身份认知。大家都熟知钱学森和邓稼先的故事，当他们在美国学业和事业有成后，选择回到当时物质条件极端落后的中国。分析起来，激励他们的因素应该来源于意识形态（认同社会主义理想）的驱动（或者是那种对于祖国的忠诚和责任感），这些激励因素远远大于物质的满足和事业成功带来的激励，从而促使他们选择毅然决然地从美国回国工作。

罗伯特·凯根的学生珍妮弗·加维·贝格（Jennifer Garvey Berger）博士在她的《领导者的意识进化》一书中详细说明了不同的意识阶段的人会具备什么样的优势、盲点和激励因素（见表 1-7，我作了归纳和简化）。

表 1-7　不同的意识模式下的激励因素变化

意识梯度 优势 / 盲点 / 激励因素	优势	激励因素	盲点
工具型意识	习惯于处理有清晰对错、好坏的事情，并借由外在的规则和奖赏令自己的行为得以强化	外在的奖赏和结果需要有明确的关联。针对这个类型的人，薪水和明确的奖赏是激励因素	无法理解他人的观点，绝缘于抽象的概念，对于自己和他人的内心世界并不了解，只会按章办事，因为这样做符合自己的最佳利益，而对于“忠诚”和“责任”等较抽象的概念并不容易理解
社会化意识	这样的人会为了满足别人的期望而努力表现。能够尊重别人的观点，忠于某个他认同的观念想法、群族或者组织，往往会将群体利益置于个人利益之前	由于尊重他人的观点和忠于特定组织和观念，容易体现出强烈的忠诚和责任感。责任感是一种天然的驱动因素	欠缺调节不同观点和冲突的能力，当内在身份和观念发生冲突时（如当一个好父亲和当一名好员工发生了角色冲突），也会限制行动能力
自主意识	有清晰的个人使命、身份认知和价值认知，在面对多种价值观冲突时，可以依据自己的价值观作出判断和决策	落实自我的价值观念和完成使命和任务本身就是驱动因素	会由于依附于自己的价值观和使命而变得缺乏弹性，过于讲究原则，而不能站得更高地处理问题，当需要对于自我的价值观和原则提出疑问时，他们会显得抵触，不愿意应对

续表

意识梯度 优势 / 盲点 / 激励因素	优势	激励因素	盲点
自变意识	可以从不同角度来观察一件事情，找到不同观点之间的关联，可以理解万事之间的关联和互为因果的关系	站在更高层面看待事物。时刻在成长，敢于怀疑自我的假设。面对复杂的世界不断成长成为最根本的驱动力	如何让没有发展到类似心智的人理解和认可

因此，不同的心智和头脑意识状态会产生不同的内在激励模式，对于成年人而言，这些激励因素可以简单总结为几大类：

- 利益激励 / 外在奖赏激励（生理满足和安全的需求）
- 社会认同和责任感激励（爱和归属的需求）
- 使命和价值观激励（尊重的需求）
- 成长激励（自我实现或者自我超越的需求）

所有的激励因素都应该是“内在”和“内生”的，而不是“外部施加”的。无论是责任感还是价值观，都是一个人内在焕发出的，而其来源恰恰是这个人的认知程度达到了相应维度。例如和一个具有工具型思维，也就是“以我为尊”的人谈责任感，往往是徒劳的；和一个没有自我价值信仰体系认同的人，用价值观来激励显然也是无用的；对于自我实现和自我超越的人，真正的激励因素是内在的自我批判思维，是他们希望解决世界上复杂问题的内在动力，也就是我们谈到的“内在成长的激励”。

我曾经碰到过一家公司，他们要求我们制订基于价值观的测评工具，能够让他们招聘到符合该组织价值观的人才。这是一个非常有难度的要求。对于看重利益激励的人员而言，面对企业要求的价值观往往是无感的。而对于有自我价值观的人群，又很难保证企业的价值观和个人的价值观完全匹配。唯一有希望的人群是那些有社会认同感的人群，但这需要这个企业首先创造一种强大的价值观和文化氛围，让加入的员工融入并认同。可以肯定的是，在招聘的时候，我们基本无法保证真正找到认同特定企业价值观的个体。

因此，当把需求层次理论和头脑复杂度理论结合起来时，我们对于激励因素会有更好的理解。同时，这两个理论的结合也可以启发每一个希望自我驱动的人找到自我激励的内在模式。

如果我们希望提升内在激励层级，下面是几点建议：

（1）提升认知水平：要想获得更高层面的自我激励动力，首要的任务是不断提升意识认知水平（头脑复杂度），头脑的升级才会带给我们自我激励的升级。如果你希望成为一个创业者，首先你需要具备创业者的思维和思想体系。很多例证都显示，成功的个体和领导者往往是那些能够主动放弃低层面需求和激励因素的人。他们不断追求更高层面的激励因素，从而取得了更好的成功。本书中提到的很多成功的人士，包括钱学森、任正非、巴菲特都具备这样的状态。

（2）理解你当前的激励因素：理解当前激励你的内在要素有哪些，对于实现自我激励至关重要。但难点往往在于激励因素是那些控制我们的因素（主体），也是我们不容易看到的。而一旦这些因素变为客体（我们可以控制的），其激励作用就会降低和减弱。我设计了下面的表格，可以帮助有兴趣的读者了解自己的激励因素处于什么层级（如表 1-8 所示）。

表 1-8 激励因素自我诊断

激励因素	自我诊断（尝试回答每个阶段中的自测问题，在哪个阶段你给出的“是”的比例多则表示你更可能处于那个阶段的思维状态中）
利益激励 / 外在奖赏激励	更高的收入对我的激励程度很大 我追求和向往更好的物质条件和享受 我的想法中希望建立个人努力和最后的成功以及回报的直接关联，如果看不到，我不会投入努力 在生活中，我有个人的爱好（如美食、旅行、驾车），而且这些爱好让我兴趣盎然 我对于忠诚于某个人或者某个组织没有特别强烈的意愿
社会认同和责任感激励	我看重别人对我的认可 别人对我的积极和消极的评价对于我的情绪影响巨大 我希望努力做好一些角色（如好员工，受欢迎的同事，好的父亲 / 母亲，好的丈夫 / 妻子，孝顺的儿子 / 女儿） 我希望有爱我的人和我爱的人 我希望有可以依靠的朋友和依托的组织

续表

激励因素	自我诊断（尝试回答每个阶段中的自测问题，在哪个阶段你给出的“是”的比例多则表示你更可能处于那个阶段的思维状态中）
使命和价值观激励	我有立足于这个世界和我个人之所以为人的系统思维和思想体系 我有自己对于人生意义的清晰理解而且还愿意影响和帮助他人认知这些意义 我对于我的身份有清晰的界定（如我是一位管理者，我是一位企业家，我是一位画家） 我有自己思想界定下的清晰的规范和界限，我想用这些规范来约束我自己和他人 当别人不认同我的思想时，我会强烈辩驳和情绪化的抵触
成长激励	我认为这个世界没有绝对的真理，我会推敲和质疑一些公认的真理 我认为还有很多我们没有认知的领域，我尝试探索还没有明确答案的问题和领域并给出我的解答 我希望不断延展自我认知的边界，去理解那些我还不能够理解的世界 我能和内心的矛盾以及外在的矛盾、问题和平共处 我能欣然接收生命（包括死亡）的完整状态

（3）不沉迷于或者敢于放弃那些基本的需求满足：一旦一个人沉迷于低层次的需求满足，往往会阻碍人的激励因素向更高的层面进展。我们谈到的沉迷是一种陷入的状态，从时间的分配来看，显然生理的需求、社会的需求会耗费我们大量的时间，很多人长期处于其中而不自觉，因此也就无法实现激励因素的升级。追求更高的思维维度的人能够不沉迷于这样的日常，而去思考更高和更深层次的问题，这样才有可能促进内在的激励因素升级。只有当我们的内在激励因素得到升级，我们才能迈向更高的成功状态。

做自己还是不做自己，这是一个问题

你生命的前半辈子或许属于别人，活在别人的认为里。那把后半辈子还给你自己，去追随你内在的声音。

——荣格

“做自己”（Be yourself）好像已经成为这个时代年轻人的一种口号。莎士比亚的作品《哈姆雷特》中有一句有名的台词：“To be or not to be, that is a question.”（生存还是毁灭，那是一个问题。）借用莎士比亚这句名言，“做自己还是不做自己”，这其实也是一个问题，（To be yourself or not to be yourself, that is a question.）值得我们深度思考一下。

应该如何界定“自己”

要做自己，首先要明确“自己”是谁，“自己”由什么来界定。

现实中，很多人对“自己”并没有清晰的定义。大多数人更愿意任性地做自己。

设计师山本耀司说过：“‘自己’这个东西是看不见的，撞上一些别的什么，反弹回来，才会了解‘自己’。所以，跟很强的东西、可怕的东西、水准很高的东西相碰撞，然后才知道‘自己’是什么，这才是自我。”的确，“自己”就是我们和外界环境不断碰触和打磨、逐渐显现出来的状态。

霍根（Hogan）测评系统的创始人、心理学家霍根博士认为，一个人的性格（也是自己的表达）从行为人自身来看，很难被客观地测量和评估。而从周围观察者的角度，就相对更加容易测量和研究。霍根这样科学的性格测评的基本理论实际上就是通过他人的视角来揭示每个人的性格。当我们是社会中的一员时，某种意义上，“自我”就是由我们在大众的观点中的一个个坐标组成的。所谓有个性的人只是某个社会观点汇集而成的正态分布中的一个偏左或偏右的定位而已。

同样地，如果按照成人发展理论，“自我”应该更多通过那些我们控制不了的东西来定义。心理学将那些拥有或者控制我们而我们却控制不了的东西称为“主体”，对于“主体”（包括我们的认知、喜好、欲望、想法、行为习惯等），我们通常意识不到它们的存在，但它们会控制我们、拥有我们。而恰恰是这些“主体”界定了每个人“自我”的状态。

- 青少年和部分成年人会处于工具型意识（也称为“以我为尊”）的心智模式，控制这个阶段的人的主体是需求和欲望。很多青少年包括成年人期待干自己喜欢的事情，获得物质的满足，都体现了这样的方式。我们可以将这样的“自我”状态界定为“物质和欲望的自我”。
- “社会化意识的心智模式”的人的“自己”是通过权威思想和社会流行的想法来塑造的。很多时候，作为社会的人实际上是“没有自我”的。
- “自主意识的心智模式”的人会通过表达自我的观点，明确自我的身份，传递自我的价值观和信仰彰显自我的定位。这样的人更多体现出“精神的自我”。
- 少数可以达到“自变意识”的人，会辩证地看待世界，自我的表达方式反而有可能呈现出更多“无我”的状态（如表 1–9 所示）。

表 1–9　界定“自我”状态

成人发展理论	界定“自我”的主体因素	自我的状态	举例
工具型意识（青少年和部分成年人）	被自己的需求和欲望界定	物质和欲望的自我	我期待有钱，可以干我喜欢的事情，按照我的想法行事

续表

成人发展理论	界定“自我”的主体因素	自我的状态	举例
社会化意识（大多数成年人）	被权威思想、社会主流想法或者他人的想法界定	社会的自我（没有自我）	我们的领袖认为是对的，我也肯定认可
自主意识（少数的成年人）	被自我身份，意识形态和信仰界定	精神的自我	我的专业是……，我的价值观是……，我的信仰是……
自变意识（极其少数的成年人，大约四十岁后）	辩证地界定自我	自我的无我	没有绝对的自我和对错，灵活调整自我

处于工具型意识的人应该如何做自己

对于“以我为尊”的人而言，从正面的角度出发，“做自己”可以帮助他们自我努力，自由决定自己的行动，追求自我的兴趣和愿望的实现。

但从负面的角度，这样阶段的很多人“做自己”往往会变成随意、任性、不受约束的状态。奇怪的是，现在的很多媒体都在肆意鼓吹这样的“做自己”。

1. 做自己可能是任性的：世界这么大，我想去看看

2015 年 4 月的一个早晨，一封辞职信热传网络，受到广泛关注，辞职信仅有 10 个字：“世界那么大，我想去看看。”这封被称为“史上最具情怀的辞职信”是由河南省实验中学的

一名女教师提交的，领导最后批准了她的辞职，而她就离开了学校去各地旅游了（现在定居在成都）。由于媒体和互联网的快速传播，这个老师的“做自己”模式迅速走红。很多人其实内心很羡慕这样的洒脱和任性，也都希望像她一样可以潇洒地去看看这个世界。

2. 做自己可能是大众传媒的一种语言蛊惑

如果稍加留意，你就会发现很多品牌也恰恰在用“做自己”作为营销的主题。做广告的厂商肯定明白，年轻人大都希望与众不同，他们迫切地期待着“做自己”。对于广告设计者或者投放广告的公司而言，“做自己”就成为特定品牌和目标用户群产生情感共鸣的一条捷径。把自己的品牌标榜为自我和个性的品牌，会容易让年轻的消费者产生共鸣和认同。当然不少品牌在“做自己”中传达了正面的信息，如勇气、自由、奔放等。但也有不少品牌，释放了另外一种讯号，那就是现在这个社会约束太多，压力太大，年轻人不应该拘束于社会规范，而是要按自己的想法行事，随性而为才能洒脱、才能活出人生的意义。有一个电动车的广告词就是这样表述的：“去你丫的青春”，“人生第一步，我选我自己的路”。这样的广告更像是一种蛊惑，当受众根本无法界定“自我”的深度含义时，它起到的作用只能是一剂迷幻药。如果这些广告的受众接受了这样的鼓动，实际上也就和他们内心的欲望紧密绑定起来，从而会被鼓动不要去承担责任，而是要随意而为，追求物质和欲望的满足。显然这样的广告是不会带来积极的作用和正面价值的。

3. 极端的做自己会导致犯罪——《公民黑帮》的故事

当一个人不管不顾，完全被欲望驱动，甚至可能会导致犯罪。拍摄于2011年的电影《公民黑帮》讲述的就是一个这样的“做自己”的故事。电影的主人公艾迪是一名二战退伍军人，他有梦想，希望成为演员，但没有人给他这样的机会。为了生活和妻子儿女，他做起了公交司机，但却没有钱给妻儿体面的生活。这样的失望和痛苦让他选择去抢劫银行。在经济萧条的年代，他快速搞到了钱，让妻子儿女的生活马上不一样起来。但不久后他就被捕了。他在监狱里结识了三个朋友，他们合谋越狱后继续抢劫银行，变成了一个抢劫银行的黑帮。但他们最终都再次被捕。而当他刑满出狱后，妻子已和别人结婚。艾迪只好独自去了异地，并重新做起了公交司机。经历了这些，他最终得以艰难地重新回归社会。影片结尾语告诉我们他后来投身社区服务，成了一位受到表彰的杰出公民。

研究表明，很多罪犯的心智模式都处于工具型意识的阶段。他们被自己的欲望驱动，从而不管不顾，甚至步入犯罪的状态。《公民黑帮》讲述的就是这样一个艰难成长的故事。主人公艾迪被自己的欲望驱使，从而犯罪，获得了一时的满足，最后还是回归社会，继续做公交司机。最后他的思维模式已经演进到了“社会化意识”，从而可以更好地融入和服务于社会，甚至成为一名杰出的公民。

其实不仅仅是青少年，有一部分成年人也依然处于工具型意识的心智模式。这样的心智模式的表达方式可能呈现出如下特点：

（1）容易被自己的欲望和需求驱动：工具型意识的人会被自我的需求和欲望驱动。而这样的需求和欲望可能是非常物质的。很多人崇拜明星、追求名牌，都是欲望驱动的表现。

（2）有可能把他人看作达成自我目的的工具：工具型意识的人往往将他人作为自我实现的阶梯和工具。为了达成自我的欲望满足，他们会作出自己的努力，为自己，也可以为他人努力，但他们期待马上的回报。“当我给你这些时，我希望获得对等的回报。”否则，他们就感觉不公平、委屈和受到歧视。总体而言，在他们的眼中，他人（包括父母，亲人和朋友），都有可能成为他们达成自我欲望的工具和手段。

（3）很难理解他人的观点，特别是当自己的观点和他人的观点对立时：工具型意识的人往往无法理解他人的观点，他们能理解自己的需要，但当别人的观点和自我的对立和矛盾时，他们可能会感到困惑，为什么他人无法按照我的角度去理解问题。

（4）容易被物质激励，希望马上取得成果：工具型意识的人希望自己的努力马上可以产出成果。对于马上可以看到的结果，他们更加愿意付出努力。但当他们看不清楚自己的努力和结果的关联，或者结果并不清晰时，他们往往认为自己的努力可能会白费，而不愿意继续坚持和努力。他们愿意去寻找快速获利的机会，因此，他们可能会经常在寻找一些机会，或者更换工作，或者尝试不同的模式，但往往因不能坚持而失败。

（5）外界规则有约束的作用，但他们可能会尝试规避和逃脱：外部的规则对于工具型意识的人可能是一种约束。在强力的约束下，他们会被迫按照规则行事，但他们也有强烈的脱离规则约束的倾向和意愿。总体而言，他们并不特别认同规则，有机会就会表达出自我的叛逆和反抗。

（6）比较难以理解更加抽象的概念：工具型意识的人往往对于抽象的概念，如人际的概念、精神的概念，缺乏理解。例如，他们并不清楚或者很少思考什么是责任，什么是忠诚，也会难于理解较为复杂的人际关系。当他们被动地进入那些复杂的人际环境时，他们往往会不知所措。他们也无法理解他人的心理活动。他们喜欢简单化、两极化，容易产生愤怒和沮丧的情绪。

在组织中，有不少的员工有可能处于工具型意识的心智模式中。结合上面描述的行为模式特征，他们在工作中，特别是在压力环境下，可能会表达出一些特定的负面行为：

（1）他们有时缺乏理解别人观点的能力。例如，对于别人的批评，他们可能无法理解和接受；

（2）他们可能愿意以喜不喜欢来决定工作的状态，而无法从组织的观点、责任的观点或者创造更大价值的观点来审视自己的工作意义；

（3）他们可能会更看重短期的激励和回报，希望可以快速成功；

（4）他们可能更加容易表现出负面的心态和情绪，特别是在面临复杂情况和有压力的环境时；

（5）当组织的规范严格时，他们可能不太愿意服从，希望可以自由一些。但这样要求自由的状态往往并没有充分的理由和依据。

因此，从成人发展的角度来看，组织中很多管理员工的挑战其实就是管理心智成熟度的挑战。我们一直都在讨论很多80后员工的管理，后来变成了90后员工的，现在马上00后了，每个时代的员工管理都有其时代特点，但其实根本的问题在于大部分的年轻员工都会处于工具型意识的心智模式，这样的模式表现往往会让组织中的管理者感到困扰。因此，管理这些员工的重要任务应该是尝试理解这样的心智模式下人的思维和行为模式，从而找到恰当的管理模式和方法。

概括而言，组织针对工具型意识的员工时，可以关注如下几个方面：

（1）重视他们的心智发展，让他们能够成长，从发展的观点考量问题，处理工作；

（2）适当地强化组织规范，通过组织的文化建设来让这些员工融入组织，成为合格的社会人；

（3）在条件许可的状态下，创造更多的及时激励模式，创造可以快速成功的工作环境；

（4）尽可能选拔心智更加成熟或者具备成长潜力的人才。对于很多刚步入工作的员工而言，那些有学生干部经验、社会工作经验和学习成绩好的员工往往预示着他们可能更加容易步入更复杂的心智模式。

总结起来，对于“做自己还是不做自己”这个命题，不同“自我”状态的人答案应该并不一样：

- 工具型意识的人，“不做自己”可能是一种更好的选择。现代社会倡导国学，很多家长愿意让自己的孩子从小熟读四书五经，其实是一种不错的方法。这会让那些青少年在随后步入欲望驱动的模式时，有更多的规范可参照；
- 对于社会化意识的人而言，尝试去“做自己”反而是一个更好的选择。如果他们真的可以做了自己，那肯定是一种成长；

- 真正可以“做自己”的其实属于具备“自主思维”心智模式的人，他们有自己清晰的价值观和想法，敢于表达自我，而且往往有根有据，这才是真正的“自我”；
- 当然最高境界的“做自己”其实是“无我”的状态。但很少有人可以真正做到。

打破社会化意识模式，成为真正的领导者

你生而有翼，为何喜欢爬行？

——鲁米

人类的社会化意识模式

历史上的很多事件都让人费解。第二次世界大战时，德国人屠杀了几百万犹太人，可是并没有太多的德国人反对这样做，那个时代的很多德国人反而是支持希特勒的。在日本，情况也是类似的。直到现在，很多日本人还不了解，或者不认为日本在第二次世界大战时犯下了侵略的罪行。

我们不禁要问，为什么特定时代的人并不能认识到自己行为的荒谬和错误之处呢？这些极端的事件好像是人类历史中的偶发事件，是人类突发的集体疯狂？但其实，这些偶然的疯狂

行为的背后都存在着必然。或者可以说，现代社会中的很多人和二战时的人们在意识模式方面并没有太大改变，导致那些灾难和悲剧的原因可以归结为一种常见于人类的意识模式——社会化意识（Socialized Mind）。

什么是社会化意识

社会化意识是人类从传统的社会中孕育出的典型意识模式，上千年来一直存在。要了解社会化意识，我们可以展开一个设想：数百年前存在于世界上某个角落的一个部落或者村庄，部落里的人们日出而作，日落而息，男耕女织。大家互相依赖，和谐共处，不轻易和他人产生矛盾，通过维持和部落族人的亲密关系获得安全感。部落里的人们也会很自然地接受那些部落中大部分人普遍接受的观点、想法或者道德规范，并避免让自己孤立于群体之外（因为那是一种很窘迫的境地）。另外，部落和村庄往往有几位部落首长或者长老，他们有足够的权威并且具备领导部落的经验和能力。在面临重大挑战和问题时（如邻里之间的纠纷，道德规范被破坏），长老往往会给出终极的裁断。

上面描述的情景离我们其实并不遥远。在宗族观念很兴盛的福建南部地区，散布着很多客家土楼。在这些土楼中，人们形成了共同生产、聚集生活、共同防御的生活模式，而土地以宗族的名义集体占用和经营，保证了宗族在乡村经济和政治上的主导地位。根据1950年左右的调查统计，在闽西和闽北地区，宗族占用的土地超过了50%。在这样的环境中，每个人如同生活在一个大家庭中一样，隐私因此也无从谈起。生儿育女不仅仅是个人家庭的事务，更关系着宗族势力的延续。

我们也就不难理解，在这样的传统社会形态下，为什么有很多长辈碰到年轻晚辈时，会顺口问出一系列私人问题：“你结婚了吗？”“生小孩了吗？”“工资多少？”……

即使迈入现代社会，大部分成年人还是会保留着这样的社会化意识。这样的意识模式如同我们的基因，由历史传承而来，深深地刻入了每个人的行为模式中。在21世纪的今天，无论是在美国、日本、欧洲还是在中国，很多成年人的意识模式都还展现着社会化意识的特征：

- 我们被我们周边环境的期待和定义所塑造
- 我们会和我们认同的保持一致或者忠于我们的认同
- 我们自我的感知主要通过我们和他人的关系以及通行的思想和想法来表达

如果判断一个人是否处于社会化意识状态时，如下的行为可以作为关键的识别标记：

1. 追随权威

具备社会化意识的人容易追随权威。对权威人物的言论全然接受，并当作自己行事的楷模。他们甚至会认为特定的权威人物是完美的，没有缺点的。

2. 被主流观点定义

社会上的主流思想容易内化为社会化意识的个体的想法。他们比较容易接纳那些大众认为是正确的想法和思路。当然，如果这样的想法是正面的，他们也容易形成正面的看法；如果那些想法是负面的，他们也较容易呈现出负面的观点。社会化意识的人往往将外界的观点内化为自身的观点，他们并不认为这些观点是外界环境或者他人给予的，他们会认为那些想法本来就是自己的观点，他们会利用这些观点来审视世界。由于这些观点是大众观点，他们也比较容易和其他持类似观点的人达成共识，反过来也让他们更加确认自己观点的正确性。

媒体是塑造大众观点的主要工具。我曾在知乎上看到一篇文章，介绍了一项基于各个国家几千多万篇媒体文章的大数据分析。其中有一个指标是褒贬指数（sentiment index），从中可以看出不同的国家对于其他国家的褒贬状态。褒贬指数越小（＜ -1），说明这个国家的媒体对另一个国家的负面报道越多。褒贬指数越大（＞1），说明这个国家的媒体对另一个国家的正面报道越多。大部分数据分布在 +5 到 −5 之间。

中国媒体对中国及其他国家的褒贬数据可见表 1−10：

表 1−10 中国媒体对中国及其他国家的褒贬数据表

国家	文章数	褒贬指数
中国	1 600 053	1.222
美国	254 976	−2.091
俄罗斯	87 261	−0.902
日本	81 555	−2.527
印度	79 726	−1.124
英国	70 824	−0.859
菲律宾	57 599	−2.163
巴西	55 706	−1.746
巴基斯坦	54 673	0.857
澳大利亚	53 069	−0.190
韩国	44 726	−2.172
越南	36 240	−1.657
法国	35 950	−1.317
伊朗	34 541	−0.910
德国	33 114	−1.111
朝鲜	31 508	−3.419
缅甸	30 240	−0.772
加拿大	26 887	−0.864
印尼	19 493	−2.443
泰国	19 219	−2.973
新加坡	18 544	0.075
意大利	16 667	0.463

续表

国家	文章数	褒贬指数
土耳其	14 461	−3.453
西班牙	12 304	−0.302
叙利亚	10 295	−4.726
墨西哥	9 959	−0.534
新西兰	9 516	0.324
南非	8 554	−0.804
荷兰	7 570	−0.247

中国记者对哪个国家评价最好？不言自明。中国媒体对印度的态度是−1.124，对美国的态度是−2.091。从这些指数来看，就应该明白为什么我们会感觉国外新闻对我们国家常常抱有偏见，因为我们可能活在一个对自己国家评价很高的新闻环境里。

这样的分析和我们平时的感知是非常一致的，也说明媒体在很大程度上塑造了我们对于这个世界的看法。我们对于不同国家积极或者消极的看法，看似是我们本人的观点，其实很大程度是媒体和外部环境施加给我们的。

清华大学社会学教授孙立平总结过三种控制个人意识的方法：第一种是将一种结论强加给你，不接受就会遭受到惩罚；第二种是改变你想问题的方式，即提供给你特定的意识框架；第三种则是控制你想问题时所需要的资源和材料。

不管这些意识控制是有意或无意的安排，我们都需要去理解到底我们的意识是外界施加的，还是我们的独立思考所得。在这个问题上没有深入和清晰的判断的人就会陷入社会化意识而无法自拔。

3. 愿意主动和他人建立和保持亲密的关系

社会化意识的人非常看重人际关系。他们认为人际关系是一个人成功的重要组成部分。为了保持亲密的关系，他们可能会做出主动讨好别人的行为。他们一般不愿意做出有伤和气的举动，通常都一团和气。如果别人破坏了这样的亲密关系，他们反而会表达出强烈的反感或者敌意。由于这样的亲密关系归属于和自己同属一个社群的人之间，对于社群以外的人，他们就会表现出抗拒和敌意。

狭隘的爱国主义其实就是一种极端的社会化意识。狭隘的爱国人士通常会认为和自己的国家抗拒的国家都是敌人。他们无法从更大的范畴（比如从人类的角度）来思考和看待国家与国家之间的矛盾。现在中美之间正在爆发贸易争端。具备社会化意识的人，无论他们是美国人还是中国人，都容易因为这样的争端将对方视为敌人。狭隘的爱国主义如果不加控制，有可能引发冲突和战争。但当这样的敌对关系有一天发生了转变，仇敌和好了，比如 20 世纪 70 年代中美突然建交了，社会化意识的人当时肯定会感到震撼和难以接受。

4. 个体往往缺乏调和不同观点和冲突的能力

由于具备社会化意识的人忠于他认同的观点，忠于特定的社群或组织，他们会天然地表现出对于不同想法的排斥和抗拒。因此，当他们面临观点冲突时，也会倍感困惑。

从团队的角度出发，社会化意识的人群聚集在一起，往往会表现出一种集体的无意识。这就如勒庞在《乌合之众》一书中所描述的那样：群体是冲动和易变的，他们容易轻信和受到暗示。同时，当他们聚合在一起时，他们的情绪是夸张和单纯的，会表现出偏执和专横的行为。这也可以解释本文开始时我们谈到的二战时期德国人和日本人支持战争的状态。

组织中社会化意识的员工的表达模式

在现代的组织中，很多人依然处于社会化意识的状态中。从上面的描述中，读者可能会感觉具备社会化意识的个体有很多问题和缺陷。但其实，在一个合作和相对稳定的环境中，社会化意识的人们往往是社会和组织的稳定因素。很多人在组织中秉承社会化的意识模式，这让他们可以很容易地融入团队，同时，他们愿意尊重权威和规范，愿意遵从领导者的命令和安排，也很容易和他人展开合作。他们通常可以和同事保持友好甚至非常亲密的工作关系。

但当情形变糟糕时，具备社会化意识的人由于重视关系，更容易形成小团体，他们可能会拉帮结派，并传播负面和消极的想法，影响组织氛围。在组织面临业务挑战和冲突时，他们往往很难展现出有效的协调能力和冲突管理能力。面对组织内部的冲突和矛盾时，他们也会感觉无法适应，手足无措，倍感压力。

社会化意识的领导者的成长困境

有一些还处于社会化意识的职业人士，由于业绩优秀会被提拔成为管理者。虽然他们承担了领导的责任，但受到意识的局限，往往不能充分展现出优秀的领导者和管理者应有的素质。我们可以观察到在组织中，有很多这样的管理者和领导者：

（1）他们很难从更大的格局来思考问题，往往会看重本人或者本部门的利益，较少从更大的组织视角审视问题和考量利益的分配；

（2）他们往往缺乏深度的独立思考，比较愿意遵从高层领导者的想法，缺乏批判性意识，基本上不太会提出大胆的变革和创新想法；

（3）他们很难作出为难的决定。由于社会化意识的人具备老好人的特质，在面临棘手问题时，他们担心得罪别人，缺乏决断和作出困难决定的能力；

（4）他们很难有效推动他人取得成果。在组织中，他们更容易担任更高层管理者决策信息的传递者，往往不会主动推动别人执行他们自我的决定；

（5）他们比较容易表露自己的情绪。对于压力的承受力会相对薄弱，容易抱怨和传递相对负面的想法。

领导者如何打破自己社会化意识

要想成为真正的领导者，首先需要谋求意识和头脑的升级。就是我们所说的提升我们的头脑复杂度。领导者需要打破自己的社会化意识模式，进入自主意识和自变意识模式（如表1–11所示）。

表 1-11　社会化意识、自主意识、自变意识

社会化意识	自主意识	自变意识
· 我们被我们周边环境的期待和定义所塑造 · 我们会和我们认同的保持一致或者忠于我们的认同 · 我们自我的感知主要通过我们和他人的关系，以及通行的思想和想法来表达	· 我们能从社会环境后退一步，从而产生内在自我的判断和个人权威，以帮助我们对外部环境的期待展开判断和作出自己的选择 · 我们通过我们自我的信仰体系、意识形态或者个人身份认知来体现自我，从而可以用自我的声音来主导自我、表明立场、设定范畴和边界	· 我们能退后思考自我意识形态和个人权威的局限性，能看到任何系统的局限性和不完整性，能友好对待反对和矛盾，能够了解和掌握多个系统，而不是用一个系统判断另外的系统 · 我们的自我体现在可以完整地看待世界，而不会产生内在的不一致和混乱，不会采取极端看法而是通过内在对话而达成和谐统一

具备社会化意识模式的领导者可以从如下几个维度尝试打破自我的社会化意识状态，进入更高的意识境界。

1. 通过批判性意识，建立自己的独立意识

在生活和工作中，观点多元，想法众多。对于不同的观点和想法，我们需要通过批判性的意识了解它们的优缺面和异同，逐渐形成自我对于特定问题的独立观点。不人云亦云，也不随大流。

2. 建立符合自己身份的价值体系和行动模式

领导者有其特定的行为模式和价值认同。通过建立领导者的认知，社会化意识的个体可以逐渐构建自我的领导者行为模

式。他们需要逐渐建立大局意识、长远意识，敢于变革，通过他人取得成果。这些都是标准的领导者行为模式。同时，打破社会化意识的领导者会逐渐建立对于自我价值的明确认定。他们可以更加清晰地解释“我是谁”和“我存在”的意义。

3. 将自己与他人分离，用新的手段处理人际关系

处于社会化意识状态的领导者需要重新界定人际关系，什么才是成功的人际关系？我们需要建立亲密的关系吗？良好的人际关系是否意味着让每个人都高兴？这些问题的有效回答可以帮助那些社会化意识的人建立领导者的行为模式，同时通过领导力来赢得他人的认同。

未来的组织更需要变革型领导力

只有撇开对外物的追求，才能达到灵魂的所在。若他找不到灵魂，他将陷入空虚的恐惧，而这恐惧将挥舞长鞭，驱使他绝望盲目地追求空洞的世事。他将受无尽的渴求愚弄，在心灵之路上迷失自己，再也找不着灵魂。

——荣格

什么是变革型领导力

今年，我应邀为一家德国的世界五百强工业公司作领导力分享。这家具有百年运营历史的老牌工业公司内部正在展开一场轰轰烈烈的领导力变革，他们希望让更多的领导者转型为变革型的领导者。

什么是变革型领导力呢？变革型领导力的概念最初由美国的总统传记作家和领导力专家詹姆斯·麦格雷戈·伯恩斯

（James MacGregor Burns）提出。他认为变革型领导力是“领导者和跟随者相互影响，以达成更高的道德水准和激励状态”。变革型领导力（Transformational Leadership）往往和交易型领导力（Transactional Leadership）形成对应概念。通俗地讲，就是领导力的模式和传统的管理模式的对应。

变革型领导者通过建立愿景和尊重个体、激发跟随者达成目标，他们积极主动，鼓励新的想法，愿意帮助员工获得更高的理想和价值，从而激发个体。而交易型的领导者更多地将领导行为视作“给予和获取”的交易状态，他们通过一定组织框架下的奖惩机制来推动他人达成目标，更倾向于维持现状，保持稳定，在相对确定的工作环境中通过强化正确的行为来取得绩效。

因此，交易型领导者是被动的，他们认为和跟随者之间实质上是一种交易模式。而变革型领导者是主动和促进变化的。他们认为和跟随者之间可以成为志同道合的伙伴，因此，他们愿意通过分享更高的理想来激发跟随者，让跟随者在智力上得到成长和激发。

交易型领导者通过个人私利和奖惩机制来驱动团队，而变革型领导者则通过更大的理想和更个性化的关怀推动团队达成目标。就马斯洛的需求层次理论而言，交易型的领导者满足的是跟随者较低的人生需求，如安全和经济收入；而变革型的领导者诉诸跟随者更高的需求层面，如受到尊重和个人实现（如表 1-12 所示）。

表 1-12　交易型领导者与变革型领导者的区别

交易型领导者	变革型领导者
交易，交换，被动，反应型	积极，主动，转换
在特定组织文化框架下工作	积极变革公司的文化，推进新的想法
员工通过领导者设定的奖罚规则努力取得目标	员工通过获得更高的理想和价值激励来达成目标
通过致力于诉诸个人私利来达成激励个体	通过更高的理想来激发个体
由组织出发的管理手段：维持现状，保持稳定，强化正确的行动来提升绩效	由个体出发的激发手段：个性化管理，体现关怀和支持，智力激发，通过创新和创造来解决问题

在后续的研究中，学者巴斯（Bernard M. Bass）进一步明确了变革型领导力的概念。他认为变革型领导者是通过建立影响力来领导的，交易型和变革型的领导模式并不一定矛盾，很多领导者会兼顾使用这两种不同的领导模式。

巴斯认为，变革型的领导者具备如下特征：

- 强调对跟随者的内在激励和正面发展
- 提升跟随者的道德标准
- 强化关键优先事项
- 提升跟随者的道德成熟度
- 创造更高的价值和文化环境
- 鼓励跟随者看到比个人利益更大的利益和目标
- 倡导合作与和谐
- 使用真实和持续一致的手段
- 使用基于事理的说服手段
- 提供教练和辅导
- 诉诸理想
- 容许跟随者的选择自由

学者阿沃利奥（Avolio）更将变革型领导力的行为表现归纳为四个维度（如图 1-9 所示）：

理想化影响 (Idealized Influence)	鼓舞性激励 (Inspirational Motivation)	个体化关怀 (Individual Consideration)	头脑性启发 (Intellectual Stimulation)
建构明确愿景 强力沟通愿景	行动取向	让部属承担挑战性的工作	激发创新和创造思维
愿意冒险以达成愿景	建立信心	关注部属间的差异	重构问题 敢于给出假设
对部属表达高的期望和信心	不断激励与灌输因果的信念	行动取向	允许不同意见、鼓励创新、灵感和实验的精神
建立对团体或组织的认同	给予部属个性化的咨询和建议		且能够巧妙地指正成员的缺失，协助成员成长
赋能			

图 1–9　变革型领导力的行为表现

- **理想化影响**：构建明确的沟通愿景；愿意冒险以达成愿景；愿意信任下属，并强调赋能。
- **鼓舞性激励**：行动导向明确，能建立下属的信心；通过价值观和文化激励，强化下属的信念。
- **个体化关怀**：让下属承担挑战性的工作，关注下属差异并给予个性化的关注和关怀。
- **头脑性启发**：支持创新和创造思维，愿意重构问题和敢于给出假设；鼓励下属的成长。

第一章
什么是自变

在很多创业公司和互联网公司，你会发现业务领导者越来越不像管理者，他们更像合作伙伴和团队成员，像导师和教练。他们与下属之间没有特别明显的权力等级区别，管理者更加强调工作的意义和愿景，公司也非常强调学习的氛围和辅导的文化。这些都是变革型领导的模式体现。

但是，现在大部分组织的领导力状态还是偏向于交易型的领导模式。举一个典型的例子，万达在过去二十年间一直以执行力强大而闻名于业界。万达的执行力体现在“说到做到”和“算到拿到”，万达要求领导者一方面对于项目的执行时间进度严格把控，另一方面对于财务预算严格把控。而这样的文化是建立在组织中的领导者“以身作则”“坚决执行”“奖惩分明”的基础上的。万达的管理模式也强调总部集权、垂直化管理和强化监督。所有这些都是典型的交易型领导模式。

这样的模式显然无法长期持续，因为金钱的激励因素永远是短期的。当人们的收入水平普遍提升后，你会发现“重赏之下必有勇夫”的规律可能不再有效。

而这时就需要一种新的领导力模式来提升领导者的领导能力，从而更好地激励和带领团队达成目标。与王健林的领导模式形成鲜明对比的就是曼联队的传奇教练弗格森的领导力风格。在弗格森退休后，他和红杉资本的董事长莫里兹合著了《领导力》一书，系统地阐述了他带领曼联队取得卓越业绩的领导力方法。弗格森的领导风格就充满了变革型领导的色彩，他鼓励球员追求长远目标,通过凝聚共识唤起队员对于胜利的渴望。他乐于探索未知，带领团队前往新的领域。他也培养了如贝克汉姆、鲁尼、C 罗等一批世界顶级的球星。可以想象，要带领这些世界顶级的球星，简单的金钱激励显然是无法达成的。而弗格森恰恰就是通过变革型的领导方式来带领球队取得辉煌的（如图 1-10 所示）。

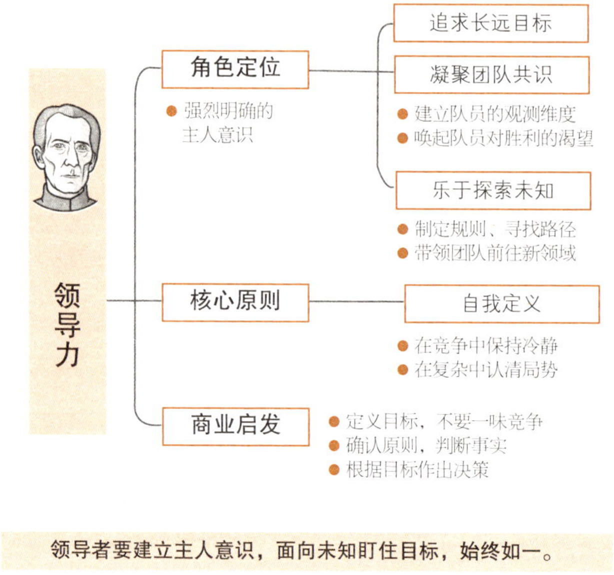

图 1-10　弗格森领导力示意图

为什么需要这样的改变

研究表明变革型的领导者的领导效能更高。如果组织希望谋求更高的领导效能，显然向变革型的领导者转型是大势所趋，也是迈向优秀的必然步骤。也就不难想象前面提到的那家百年的跨国公司为什么要在全球范围内开始倡导向变革型领导力转型了。

其实，向变革型领导模式转型也是时代变化的要求。最近，我们和一家世界领先的医疗设备公司合作能力构建和发展的项目。五年前我们曾帮助他们在中国构建了销售序列的专业能力模型。五年后，因为市场环境、技术以及人员结构已经发生了根本性的变化，客户又邀请我们帮助重新构建销售序列的能力模型。

通过访谈，我们惊奇地发现，和五年前相比，客户面对的外部市场和内部组织环境都已经发生了巨大的改变，我们可以从四个方面看到这些巨大的快速变化：

- **政治的（Political）**：中国的医疗政策和体系在过去五年间发生了非常大的变革；中国政府的政策更加支持本地产品，竞争对手由原来国际上的几家巨头公司变为了几十家本土和国际的竞争对手并存的局面。

- **经济的（Economical）**：中国的私立医院市场快速成长，市场快速扩张，出现了很多的商业机会；随着消费升级，医疗消费也快速升级。
- **社会的（Social）**：人才流动加速，人才竞争加剧；员工自我意识强化，消费者意识崛起。
- **技术的（Technical）**：数字化技术（包括 AI、物联网、大数据等）逐渐成熟和快速商用。

从上面可以看出，与以前相比，我们面对的市场环境不再是稳定和可预测的，而是快速变化和充满挑战的。在个体层面，每个人的自我意识更加清晰，思维也比以往更加活跃。以前的员工往往是交代工作就去完成，而现在的员工会有疑问、会有更多的想法、会受到环境影响，他们感知的压力更大，更容易动摇，也更加容易困惑和迷茫。在这些因素作用下，你会发现交易型领导的效能在逐渐下滑，而变革型领导就越来越成为组织需要的领导力模式。

有一个“已知 / 未知”的认知结构框架。用这个框架，我们可以更加清晰地看到变革型领导力是面向未知环境的领导者状态。

如表 1–13 所示，面对简单（已知的已知）和繁杂（已知的未知）环境，领导者应对的模式只需要通过命令、放权、授权、管理、组织和管控等手段就可以达成目标。而对于很多复杂和混沌的商业环境，如当今快速变化的经济和政策环境、人才的不确定等问题，领导者需要更多地应用展示远见、坚持信仰和树立价值观等变革型的领导方式来应对。总而言之，从已知到未知的转化，导致了领导力模式需要从交易型的领导转向变革型的领导。

表 1-13　已知 / 未知模型和领导力范式的关联

定义	举例		领导者的应对状态
简单 “已知的已知”	世界地理格局 人体的结构 物质元素表 人的工作模式 使用电脑	交易型	命令 放权 管理 ……
繁杂 “已知的未知”	天气预报 太阳能的转化和商用 如何治疗肺结核	交易型	确认目标 组织 流程 管控 ……
复杂 “未知的未知”	癌症的有效治疗 头脑的运行机制 世界或者国家的经济运行未来状态 商业模式的有效性 人类的寿命管理	变革型	远见 判断力 断定和坚信 寻找确定性 让更多的人相信 ……
混沌 “不可知的未知”	人类的起源 一个组织的存活时间 政治局面的变化 宇宙的起源和演化	变革型	敢于猜想 并给出假设 依赖信仰 树立价值观 ……

变革型领导者往往在众人迷茫的时候，给跟随者足够的确信感，也帮助他们梳理有效的信念和价值理解。例如，毛泽东关于抗日战争是持久战的论断展现了具备远见和决断力的强大领导力，从而鼓励人们坚持斗争，最终获得了抗日战争的胜利。而邓小平著名的"黑猫白猫，逮着耗子就是好猫"的名言也同样具备变革型领导力的强大影响力。曼德拉的领导力则是通过忘却种族仇恨，树立了正确的人类价值观念，从而促进了民族和解，有效地推动了南非的历史进程。

如何转型到变革型领导力

大部分人可能会认为交易型的领导者转向变革型的领导者是一个自然而然的过程，只要要求管理者作出上述改变，大部分的管理者都可以转向这样的模式。但如果不经过系统的训练和培养，一般人很难轻易熟练掌握变革型领导模式，变身为变革型的领导者。

根据成人发展理论，当一个领导者的头脑处于自变状态时，才会更加有效地支撑变革型领导力的状态。而当一个领导者的头脑状态还处于自主或者社会化的模式时，就会对转型为变革型领导者形成内在的阻碍。在大型的组织中，具备自变头脑的领导者不到 1%。这也从一个侧面证明了转型到变革型领导模式的努力在任何一个组织内部都不可能一蹴而就。

如变革型领导更加强调领导者的导师和教练角色。虽然现在教练的技能培养红红火火，但大部分管理者其实无法将教练的模式真正带入到工作中。根本的原因还在于没有达成自变状态的管理者会有一种天然的内在障碍，他们会认为“教练的模式是浪费时间”“效能并不直接”“充满了不确定性”。因此，即使不明确表明反对意见，他们也会本能地拒绝和排斥教练这样的领导方式。

因此，转变为变革型的领导者意味着放弃旧的思维模式，放弃“当你给予就马上可以收获”的想法，放弃个人权威的心理定位。

从更深的层面看，变革型的领导者是需要基于价值观来领导的。这就涉及一个核心假设，那就是变革型的领导者首先需要自己具备明确的价值观。其实很多领导者并没有充分展开过这个层面的思考，他们可能根本没有价值观，或者那种价值观只是一种“价值感”而已，是不足以系统传递正确价值观和激励人心的。

在我的“自变领导力发展训练营”中，我设计了一系列假设性的问题，让参与的学员（主要是组织中的中高层管理者）尝试回答问题。其中有一个问题是：“如果我有来生，我现在会如何做？”这个问题触及了很多人的认知边界。有一些学员似乎从来没有思考过类似的问题；而另外一些学员会说“我可以放松了，不用那么担心死亡了”，还有一些学员马上表示质疑说“人不会有来生，这样的假设不存在”，还有学员会表示“如果我有来生，我希望现在从事真正有意义的工作”。

这是一个典型的“不可知的未知”问题。很多人不曾系统思考过这样的问题，因此当面对它时，他们会感觉不知所措、犹豫不决或者断然否决。

这样的假设问题是现代科学还无法触及的领域。“认为有来生”和“认为没有来生”实际上都是假设。这些基本的假设实际上形成了我们最底层的价值观，也决定了我们如何看待人生和整个世界。比如我们可以从这样的底层价值观来推导出一个人为什么能够具备“利他”这样外显的价值观和行为。价值观会涉及我们如何看待人生、如何看待世界以及如何看待不可知的领域。

不同人的价值观认知程度区别会非常大。在现实世界，很多人并没有清晰的价值理解，另外一些人有一定的价值感觉和认同，只有少数的一些人，会有系统的价值思辨和理解，并形成比较明确的价值观。

变革型的领导者需要通过价值观来领导他人，这就意味着他们肯定不会是价值观模糊的人。优秀的变革型领导者需要具备清晰的价值观认知，并可以系统阐述自己的价值观。

那么管理者要想转型为变革型的领导者，首先需要通过持续的修炼形成变革型价值观体系。这也再次证明了向变革型领导力的转型绝非易事!

未来领导者猜想

往外看的人在做梦，向内审视的人才清醒。

——荣格

从性格变迁看领导力变化

2015 年，我们的合作伙伴——美国的心理学研究专家基于 ASSESS 性格测评系统展开了一次大规模的数据研究，研究分析了五个不同世代的员工与工作相关的性格变化。这五个世代分别是“沉默世代”“婴儿潮世代”“X 世代”“Y 世代”和“Z 世代”。该分析从 ASSESS 系统全球的上千万份测评结果中筛选出了过去 11 年中的 50 多万份性格测评报告作为研究样本（堪称一项“大数据”研究）。

表 1–14 每个世代的出生年范围

世代	出生年的范围
沉默世代	1930 年至 1945 年
婴儿潮世代	1946 年至 1964 年
X 世代	1965 年至 1982 年
Y 世代	1983 年至 1999 年
Z 世代	2000 年至今

注：Assess 性格测评系统对 24 项与工作相关的性格特征进行测评。该测评系统可以为组织提供员工在职场所有阶段的重要信息，用于招聘、发展和提升等。

从表 1–14 可以看出，一些关键的性格在不同世代的人群中发生了显著的变化。表 1–15 分析主要关注了其中的九个关键性格，包括：系统性 / 结构性思考、谨慎 / 拘谨的思维、现实性思维、自立性、工作的组织条理性、对自由的需要、社交性、积极看待他人、文化同一性。

表 1–15 与职场相关的性格特征（示例）

特征名称	具体描述	示例
系统性 / 结构性思维	喜欢运用逻辑、系统的程序和结构化的方法来思考问题和情境，而不是简单直接地解决问题或得出结论	你喜欢解决逻辑问题

续表

特征名称	具体描述	示例
谨慎 / 拘谨的思维	倾向于在面对信息和各种情境时能保持头脑冷静，思维谨慎	他人会认为你是一个非常严谨的人
现实性思维	倾向于在思考时更加务实，而不是凭想象和一厢情愿	你会用务实的语言进行理性思考，关注结果，并注重经验
自立性	喜欢独立完成工作，很少依靠或寻求他人的帮助	你希望能独立决策，与他人有明确的责任分工
工作的组织条理性	喜欢有组织、有规划、有秩序的工作方式	工作生活有条不紊是你非常看重的方面
对自由的需要	对个人自由和工作独立的喜欢程度	你总是很讨厌规则
社交性	对社交活动的喜欢和适应程度	你总是很容易就交到新的朋友
积极看待他人	能够较容易地信任他人，对他人持乐观态度，不太容易批判和愤世嫉俗	你认为即使在无人监督的情况下，人们也会认真完成自己的职责
文化同一性	对伙伴、组织或其他相关群体的价值观和行为所能接受和关心的程度	你认为良好的行为非常重要

数据显示，有些性格特征随着时代变迁而逐渐弱化，也就是说，年长一代分数较高的性格特征在年轻一代那里得分较低。如图 1-11 所示，文化同一性、积极看待他人、现实性思维的得分一直在降低，尤其是 Y 世代人群这三项的分数都很低。而谨慎 / 拘谨的思维和自立性也有下降趋势，但下降幅度不是太大。

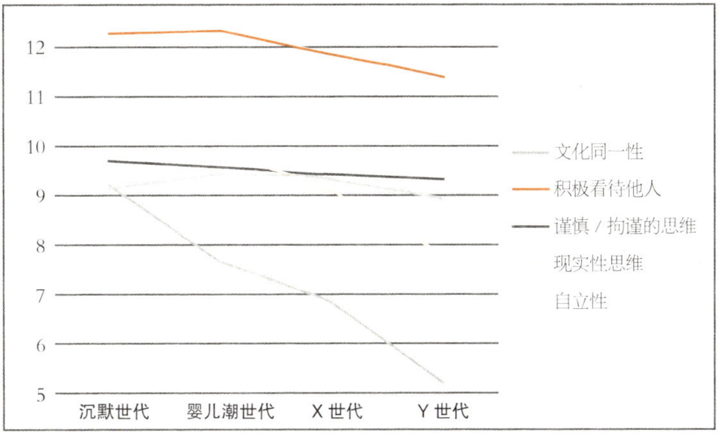

图 1–11　随着时代的变迁性格特征变弱的指标

而另外一些性格随着时代变迁却逐渐强化。如图 1–12 所示，系统性 / 结构性思维、细节导向、工作的组织条理性和社交性的得分一路走高。

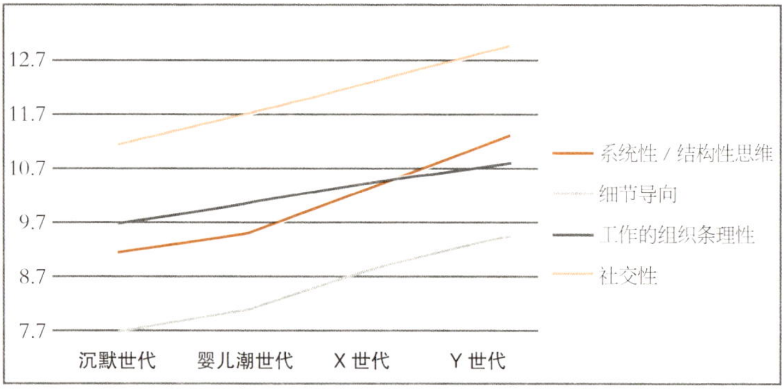

图 1-12　随着时代变迁越来越突出的性格

从这些不同的世代的人群性格分析中，很容易读出不同世代的领导者的性格变化。因为未来的领导者一方面需要适应未来人群的特质变化，另外一个方面他们也是其中一员，肯定具备未来人群的某些特质。

未来的领导者的一些趋势和变化

下面我们就从性格的变化来推断未来的领导者的一些趋势和变化：

预测一：未来的领导者将更难赢得广泛的信任和获得统一

的价值认同。

未来的社会“文化同一性”会越来越低，而信任（“积极看待他人”）的建立也会越来越难。具体的表现就是价值观更加多元，人和人之间更加独立，比以往时代的人们更加缺乏信任。这无疑给未来的领导者带来巨大的挑战。以往时代的领导者可以通过统一价值观念，获得众人的认同和信任，从而形成领导效能，而这样的美好图景在未来的人群中将变得难以实现！

实际上，当下我们已经感知到了这样的多元化和差异化。如美国的总统选举，人们的观念异常分化。现任的美国总统特朗普一直饱受媒体和公众的质疑，但他的理念无疑也赢得了一部分美国民众的认可，虽然这群支持者大都选择了沉默来避免政治正确的挑战。在美国这样一个主流价值观盛行的国度，其实价值观的分化非常巨大。不仅仅是美国，放眼世界，最近一段时间，无论是英国的脱欧进程还是法国的大选，都体现出在不同的国家价值观的分歧愈演愈烈。而恐怖主义则加深了人和人之间的不信任感。如最近在欧洲发生的一系列恐怖事件，其直接效果就是使人们进一步采取一种戒备和提防的心态，特别是面对陌生人的时候。而在中国，人们被很多电信诈骗、金融骗局所坑害，这无疑也加剧了大家的互相不信任。

从目前的发展来看，未来的世界肯定不会重新回到单一价值观和高信任度的社会状态。现在和未来的个体会有更大的自由度选择他们认同的价值和理念。而未来的领导者一方面需要强化他们赢得信任的能力，另一方面，他们可能也越来越不介意，甚至包容这样的差异。他们会更加坦然地面对不同价值观的冲突和矛盾。新当选的法国总统马克龙就是一个这样的鲜明案例。他敢娶大自己 24 岁的老师布丽吉特为妻，这样的选择即使在以自由闻名世界的法国也是会让人瞠目结舌的，但这恰恰就是新一代的领导者的状态，他们不担心价值观冲突，也不刻意隐藏，结果反而会赢得一部分人的高度认同。

预测二：未来的领导者会更加看重创新和创造，更敢于表达自我。

从性格变化来看，未来的领导者的“现实性思维”和“拘谨的思维”都将变弱。这些弱性格状态体现了未来的领导者会更加灵活，更愿意接受不同的可能性。

特斯拉和美国太空探索技术公司（SpaceX）的创始人埃隆·马斯克（Elon Musk）在 2016 年的一个科技论坛中说过：“我们生活的世界是‘基础现实’的可能性只有数十亿分之一。”也就是说，我们所在的世界是模拟出来的（simulation）的可能性相当大。这样的理论虽然有哲学理论上的可能性，但肯定不是常人能够欣然接受的——难道我们都是虚拟游戏中的虚拟人物吗？可是对于全新一代的领导者而言，敢于表达自己的创新观点，追求标新立异，似乎反而比获得大众认可来得更加重要。

预测三：未来的领导者会更加关注细节和质量。

从“组织条理性”“细节导向”和“结构化思维”这些性格特质的逐渐增强的趋势中可以看出，未来的人群普遍重视逻辑，遵循系统的程序和结构化的方法来思考问题。未来的领导者显然不是仅仅掌控大局就可以，很多的领导者需要投身于细节化的工作中，第一手把控质量。

在手机制造行业这个趋势特别明显，无论是乔布斯，还是雷军、罗永浩等，都愿意花费大量的时间来做产品设计和研发等非常细节化的工作。他们关心产品设计中的每个细节，包括颜色、款式、功能等，并不断提出自己的修改意见，而不是简单地交给设计师完成。

现任的故宫博物院院长单霁翔也是这样一位关注细节的领导者。他上任以来，走遍了故宫 9 000 多间房间，踏破了 20 余双鞋。故宫 600 年的历史上，也只有他和他的秘书达到了这个程度。而且他清晰地数出了故宫文物的数量，一共有 1 807 558 件。正是这些细节让我们体会到了一个领导者的分量所在。

预测四：未来的领导者是强大的社交者。

随着时代的变迁，社交的模式和过去越来越不同了。现在的领导者往往是娴熟的社交媒体达人，领导者越来越表现得像“网红”。特朗普无疑是最突出的社交高手。他通过推特获取了大量的粉丝，而且通过网络和他的支持者保持最直接的联系和互动，甚至绕过了大量的主流媒体，在一定程度上主导了网络上的民意。

总之，不同时代人群的性格变迁将实质性地影响到领导者的变化（如表 1-16 所示），这些特质变化将直接关联一系列“自变领导力”的具体表达。

表 1-16　性格特征变化会影响到未来领导力

特征名称	世代变化趋势	影响的领导力状态
系统性 / 结构性思维	增强	预见未来 / 领导变革 / 管理不确定性
谨慎 / 拘谨的思维	减弱	创新 / 预见未来
现实性思维	减弱	创新 / 预见未来
工作的组织条理性	增强	创新
社交性	增强	影响力 / 领导变革
积极看待他人	减弱	影响力 / 领导变革
文化同一性	减弱	影响力 / 领导变革

第一章
什么是自变

未来学家认为，未来已来，只是我们没有察觉而已。的确，当我们通过性格变化看未来的领导者状态变化的时候，就会发现我们现实世界的领导者状态已悄然发生着改变！

行为逻辑和头脑复杂度

所以你追求的是什么？人的外表是否能反映他的内涵？人的灵魂里都有一团火，却没有人去那取暖，路过的人只能看到烟囱上的淡淡薄烟，然后继续赶他们的路。

——梵高

每个人的行动背后都有对应的行为逻辑

不同的人有不同的行为模式。有些人冲动鲁莽，有些人悲观抱怨，有些人积极进取，有些人虚怀若谷。这是人的行为背后的逻辑的巨大差别导致的。下面从理论的层面给大家介绍我们行为背后的逻辑到底有哪些。

很多管理者遇到挑战时，通常会将问题归咎于他人或者环境因素。市场变得越来越糟糕，政府的管制在不断加强，年轻人越来越不好管理，高层的战略意图难以琢磨……环境的确在快速变化，呈现出诸多复杂和动荡的特点，让组织中的管理者觉得很有压力，却无能为力，很多人感知到一种莫名其妙的“无力感”。

电影《大空头》中描述了美国次贷危机的发生过程。那时大家沉迷于房地产泡沫带来的虚假繁荣，大部分投资者投资于看涨美国经济和房地产繁荣的金融组合产品。只有少数的几位敏锐的投资者，包括保尔森管理的基金，已经大笔反向做空，因为他们发现繁荣是虚假的。其中一位基金经理深入调查市场时发现连夜总会的脱衣舞娘都拥有五套住宅，从而感知到了市场的荒谬，预见了危机。

在组织层面，不同组织的行为模式也不同。最近看到一篇文章，说年轻员工（九〇后）的价值观才是正确的，因为他们崇尚自由和平等，更加依据自我的意愿行事，而不是顺从权威或者被简单的欲望驱动。当一些相对传统的组织倍感年轻员工的管理难度不断加大的时候，类似腾讯这样的拥有大量年轻员工的组织已经摸索出一整套管理年轻员工的有效模式和方法。

又如，当很多跨国公司还在被不断出现的本地竞争对手困扰的时候，一些行业的领导者提出要向这些本地的竞争对手学习的口号，并通过联合形成了联盟。

上述的不同个体和组织的行为模式差异巨大，恰恰是因为他们背后的行为逻辑有本质的差别。不同的行为逻辑导致了不同的个体和组织在多大程度上可以取得成功。

行为逻辑和行为探询理论

比尔·托伯特（Bill Torbert）是行动逻辑（Action Logic）和行为探询（Action Inquiry）理论的提出者。他和罗伯特·凯根教授在哈佛大学时期是同事，而他提出的行为逻辑和行为探询理论和罗伯特·凯根的成人发展理论也是一脉相承的。

比尔·托伯特的行为逻辑理论认为不同层面和不同阶段的人有不同的行为逻辑，这些行为逻辑决定了他们对于世界的探询方式，也决定了他们的行为结果。他认为行为探询指的是一种富有成效并同时进行自我评估的行为。这样的行动探询模式不仅仅是行动本身，而且还兼顾处理多重目标，同时还可以观察到行动背后的意图和目标，从而获得深入人心的洞见。

卢梭曾经说过："我从未见过一个完全醒着的人。"在我们的工作和生活中，大部分人对自己每天的行动实际上是缺乏意识和认知的，他们在行动的时候并不了解自己的行动意味着什么，结果会怎样，也无法看清楚行动背后的驱动因素有哪些，更无法道明自我行动的意义何在。

前面谈到的空乏无力的管理者，美国次贷危机前那些乐观的投资者，实际上都在一定程度上并没有意识到自己行动的结果和意义。这将导致我们作出冲动、偏激、错误或者单向的行为和决定。为了避免这种情况，达成更加有效、平衡、可持续和良性的结果，比尔·托伯特建议我们要进入行动探询的模式。当一个人进入行动探询模式后（这往往需要刻意训练才可以达成），可以有三个层面的回路反馈：

- 第一个层面的个体和组织能够关注到自己的行为和操作，能够判断行动的结果；
- 第二个层面的个体和组织能够看到行动之上的战略、结构和目标；
- 第三个层面的个体和组织能够洞见战略和目标之上的愿景和意图。

比尔·托伯特将这三个层面界定为单环反馈（行动/结果）、双环反馈（洞见）和三环反馈（超洞见）（如图 1–13 所示）。

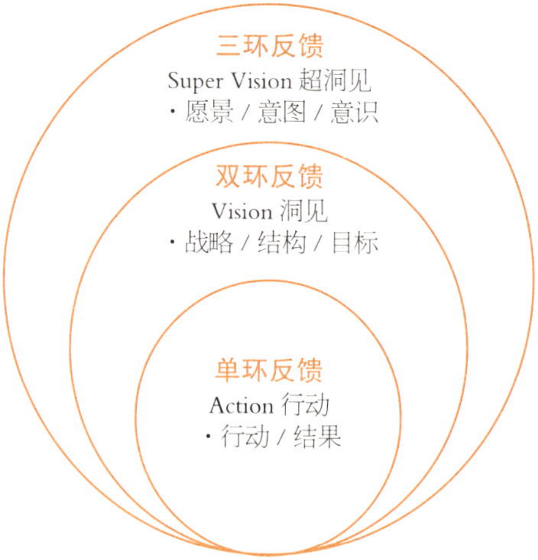

图 1-13　行为探询模式的三个层面

行为探询不会轻易展开，需要特别的训练和安排。我们的“SIAC 领导力发展模拟舱”，通过伙伴之间的互相行为评估和反馈，就是一种非常典型的行为探询训练。参与其中的学员可以清晰而明确地看到自己的行为，并作出科学而理智的能力评估，从而建立一种真正意义上的单环甚至双环反馈机制。

基于行为逻辑的概念，比尔·托伯特将人的行动逻辑界定为七种类型：

· 机会主义者（Opportunist）

- 外交官（Diplomat）
- 专家（Expert）
- 成就者（Achiever）(单环反馈)
- 再定义（Redefining）
- 转化（Transformation）（双环反馈）
- 炼金术士（Alchemist）（三环反馈）

“机会主义者”的行为逻辑起始于儿童时期，这是我们逐渐让需求掌控冲动的时期。随着年龄的增长，不少青少年逐渐演变为“外交官”的行动逻辑，他们学会了如何通过自我的行动响应外界的规范和要求。在传统社会中，大部分的成年人都会停留在这一阶段。

在现代社会中，特别是那些受过高等教育的人，会逐渐建立起“专家型”的行为逻辑，他们可以掌握特定的技能（如数学、会计、法律等），大部分成年人都会停留在这个阶段，不会再向前发展。但在经理人和职业人士中，一部分人可以达到下一个阶段——“成就者”阶段。只有到这个阶段，我们才可以观察到基于单环反馈机制建立的行为逻辑。“成就者”类型的经理人可以有效达成目标，将行动和目标紧密联系起来。在共事者眼中，他们是有效能的经理人、职业人士，是可以依靠的上级领导或者合作伙伴。

其中又有一些人继续演进，可以达到“再定义”的阶段。他们开始审视自身和他人的目标框架和行为逻辑，并发现这些目标框架本身是可以改变的。

更少的一些人会演化到“转化”型的行为逻辑。在这个阶段，我们可以观察到基于双环反馈的行为逻辑。该阶段的个体不仅仅能够转化自我的行为，还可以有效转化自我的战略和目标。这个阶段的个体认识到双边权益可能比单边权益更有力量，单边权益可能能够让人服从，但只有双边权益才可以转化个体和组织。少于 1% 的个体最终会达成“炼金术士”级别的行为逻辑。在这个级别的人可以熟练应用单环反馈、双环反馈和三环反馈机制。他们可以从更大的愿景和意识层面出发，带入多边权益机制，突破组织的框架，达成更宏伟的目标。甘地、纳尔逊·曼德拉、沃伦·巴菲特等人物都在一定程度上展现了这个层面的行为逻辑。

不同行为逻辑类型的管理风格

不同阶段行为逻辑的个体作为管理者会展现出完全不同的管理风格，比尔·托伯特有效地将他们清晰地界定了出来（下面内容出自《行为探询》一书）：

1. 机会主义者的管理风格

- 着眼短期；聚焦具体事情；往往善于应对现实紧急情况
- 具有欺骗性和操纵性；把规则看成自由的丧失；认为运气是最重要的；拒绝批评性反馈
- 遇事归咎于外因；多疑；刻板；自我控制力差；充满敌意的幽默
- 无视单边力量，感性；认为“侥幸成功”是合理的，惩罚就是“以牙还牙”，正确的道德标准是公平交易，适时的行动是“获胜”

2. 外交官型的管理风格

- 坚守惯例；遵守规章；避免内部、外部的冲突；从众；努力达到群体标准
- 寻求身份认同和地位；说话时经常使用最喜欢的短语、陈词滥调和事先编排好的笑话
- 保存颜面至关重要；忠诚于所属群体；违反规范会感到羞耻；伤害别人是罪恶的；惩罚就是不赞成
- 正确的道德标准是友好、合作；适时的行动是“行事准时”

3. 专家型的管理风格

- 对解决问题有兴趣；寻求原因；基于自己的技艺逻辑严格要求自己和他人
- 想脱颖而出、与众不同；完美主义者；效率重于效果；教条主义；只接受行业内公认大师的反馈
- 重视基于技术优势所作的决定
- 幽默 = 恶作剧；能预见意外事件、特殊情况
- 正确的道德标准 = 对道德秩序内在一致性的使命感；适时行动 = 迅速、高效

4. 成就者型的管理风格

- 长期目标；未来是生动、鼓舞人心的；欢迎对行为的反馈
- 适时行动 = 兼顾时间需求来获得有效结果；感觉自己是倡导人而不是追随者
- 寻求对行动的一般推理；寻求关系的相互性而非等级性；理解复杂性、系统性；为未达到自我标准而愧疚；看不到自己的缺点和在客观性之后存在的主观性
- 正确的道德标准 = 在自我选择的（非自我创造）道德

体系基础上的实质性日常改进

5. 再定义型的管理风格

- 会采取一个相对的观点；更关注当前和历史背景；经常能觉察到矛盾情绪
- 能体验到时间既有着打动人心的独特时刻，又是一种流动可变的媒介
- 对自己和他人独特的自我表达方式感兴趣
- 寻求独立、有创造性的工作；与相似性和稳定性比，更易受差异和变化的吸引
- 不倾向评判或评估；通过倾听和发现模式而不是通过主张来产生影响
- 可能有点离经叛道；开始注意自己的缺点（和自己的负面影响）；可能有决策困难

6. 转化型的管理风格

- 认识到制订决策、原则、契约、理论和判断（不仅仅是规则、习俗和特例）的重要性，并保持之
- 高度重视适时的行动探询、相互关系和自主性

- 将短期目标导向与长期发展进程导向相结合
- 了解“人们能看到什么取决于其行动逻辑”的悖论；富于创造性地解决冲突；享受发挥不同的作用
- 机智，存在主义式的幽默；意识到权力的阴暗面并被其诱惑

7. 炼金术士型的管理风格

- 持续练习自己的专注力；寻求对直觉、想法、行为和外部世界影响的相互作用的单环、双环、三环反馈
- 立足包罗一切的当下；洞悉光明与黑暗、永恒模式的复制以及隐含意义的浮现
- 直面矛盾；寻求协调矛盾双方
- 有意图地参与到历史精神转型的工作中；共同创造那些重构形势的神秘事件
- 濒死经验、自我身份瓦解；认为时间和事件是某种象征，可以进行类比，并带有隐喻的含义（而不仅仅是线性的、数字化的、字面的含义）

头脑复杂度和行为逻辑类型的对应

罗伯特·凯根的头脑复杂度五个阶段可以和比尔·托伯特的7个发展类型形成对应关系，而且这样的对应关系也折射出组织发展的不同成熟阶段（如表1-17所示）。

表1-17　头脑复杂度和行为逻辑类型的对应

凯根的成人发展阶段	托伯特的行为逻辑类型	对应的组织发展
冲动型意识	冲动型（冲动支配行为）	构想阶段（构建新组织的梦想）
工具型意识	机会主义型（需求支配冲动）	投入阶段（精神、社交和资金的投入）
社会化意识	外交官型（标准支配需求）	组建阶段（实际提供产品和服务）
自主意识	专家型（记忆逻辑支配规范）	实验阶段（可替代的策略和经验性的体系）
	成就者型（系统有效性支配技艺逻辑）	系统化产出阶段（制度化的单一结构/战略）
自变意识	再定义型（反射性觉察支配有效性）	社会网络阶段（独特的组织结构组合）
	转化型（自我修正原则支配反射性觉察）	协作探询阶段（自我修正结构和梦想/使命匹配）
	炼金术士型（过程支配原则/行动的相互作用）	基本探询社群（结构已经无效，精神支撑着更广泛的社群）

罗伯特·凯根的头脑复杂度理论相对抽象。通过比尔·托

伯特的行动逻辑分类，我们可以清晰地看到个体所处的头脑复杂度阶段（因为我们的行为逻辑来源于我们的头脑思维模式）。

由于比尔·托伯特和他的同事一起开发出了一套科学的测定人的行为逻辑（七个级别）的填句测评（GLP），我们也找到了一种观察个体头脑所处阶段的科学方法。

七个行为逻辑也代表了不同组织的发展阶段，包括梦想构建阶段、投入阶段、组建阶段、实验阶段、系统化产出阶段、社会化网络阶段、协作探询阶段和基本探询社群阶段。以我们的公司（海问联合）为例，2002 年建立，最初源于创始投资人对于教育和学习的热爱（海问有“学习的天堂”The Heaven Of Learning 之意）。随后投入大量的精力引入国际上领先的测评工具和产品体系，逐渐构建出一系列新的产品和服务来（投入和组建阶段）。在 2007 年至 2010 年期间，我们作了很多中国化的创新，提出了能力测评的“3P 模型”和创造了“SIAC 领导力发展模拟舱”创新领导力发展模式（实验阶段）。经过十五年的发展，我们已经形成了完整的产品体系，产品和服务也受到客户广泛认可和接受，与很多客户合作长达十年以上。这表明我们已经处于“系统化产出”的阶段。根据组织发展的规律，如果我们希望谋求长期的发展，需要考量进入到社会化网络阶段，并进入协作探询和建立基本的探询社群模式。可见，七个行为逻辑可以带给个体和组织自我行为的深度洞察。

这个理论也揭示了未来领先型组织必然会打破已有的组织结构和边界，用共同的精神力量来支撑更广泛的社群参与。如现在普遍认为联合国的效能越来越低，但其实我们可以将联合国看作为一个更高发展阶段的组织。它的运营已经超越了提供具体解决方案、直接借助单边力量来解决世界问题的阶段（如美国的单边行动），联合国可以演变成一个全球事务的探询社群。如果这样看，联合国的运作不应该被抛弃，而是应该被持续强化。

更高的行动逻辑可以帮助我们达成真诚、交互、建设性和可持续性的效能，但很多人会觉得这过于理想化。当我们看到这个世界有太多是通过单边权利达成的自私结果时，当我们的权利所有者根本不考虑结果的整体公平性而肆意妄为时，很多人会觉得达成更高的行为逻辑并不现实，也并不有利。

一方面，由较低的行为逻辑主导的个体和组织是很难理解更高的行为逻辑的内涵的；另一方面，历史已经明确证明了单边权利是无法持续的。社会的演化和人类的进步必然会带领我们进入更高层面的行为境界。

SELF-
TRANSFORMING

第二章

九项自变领导力

领导力和能力的兴衰

世界上有两件东西能震撼人们的心灵：一件是我们心中崇高的道德标准；另一件是我们头顶上灿烂的星空。

——康德

在一次“能力模型构建认证”课程中，我问学员：“请大家设想一下未来可能出现的新能力？”就专业层面而言，能力（Competency）的概念从 20 世纪 70 年代由哈佛大学的教授麦克雷兰提出，后来逐步形成了系统的能力词库和能力定义体系。但我们需要意识到的是，能力不是一成不变的，而是随着时代的变迁而变化。纵观人类历史，你会发现，有些能力可能逐步衰落甚至消失，而有些能力正在兴起。对于我课程中提到的这个问题，我发现参与的学员非常有前瞻性，他们提出了一系列未来可能逐渐兴起的能力要素，包括：

- 共谋力
- 资源整合的能力
- 塑造行业环境的能力
- 个体公关营销能力
- 个人社群管理能力
- 互联网观 / 金融观
- 个人经纪人（管理）
- 正念

如果从能力兴衰的角度看，我们可以将能力分为三个范畴：衰落的能力、兴盛的能力、未来的能力。

衰落的能力

忠诚和服从：“忠孝仁义”是儒家的价值核心。自古以来“忠诚”就被认为是一种高尚的品德而被人们广为推崇。现代的军队、政治组织中，也强调忠诚和服从。对于公职人员，忠诚和服从应该是一种基本的要求，也是最基础的能力。但对于现在大多数的商业组织而言，忠诚已经变成一种奢侈品，可望而不可及。记得十年前，在给一家国有企业构建领导力和通用核心能力模型时，该组织的总经理在访谈中就提到了“忠诚”，希望将这个作为一项能力要求列入能力模型中。从那以后，我再也没有听过哪个组织提出这样的能力要求。由于现在很少有终生雇佣型的组织，员工敬业度也长期处于低位，越来越多的组织强调自主自由的管理模式，忠诚虽然是一项个人的美德，但对于组织而言却变得越来越稀缺。组织实际上也无法提供培养忠诚的环境。如果把“忠诚”看作一项能力，显然这样的能力已经和我们渐行渐远了。

执行力：“执行力”是十年前比较火热的一个能力概念。在2000年至2010年期间，很多中国企业，包括民营企业和国有企业，特别热衷于培养员工的执行能力，相应的培训也特别多。但最近五年，这样的能力概念已经逐渐淡去。执行能力来源于西方的管理学研究，指的是贯彻战略意图，完成预定目标的操作能力。它是企业竞争力的核心，是把企业战略、规划转化成为效益、成果的关键所在。去年我参观了位于廊坊的万达学院，他们强调的万达的核心能力就是执行能力。但执行力绝对不是简单的个人能力，而是涉及组织文化、组织构架、领导力、流程、战略和运营等多方面的综合能力。随着中国企业的管理和领导力不断成熟，单纯将执行力作为个人能力发展的模式已经成为强弩之末，个人推动达成的能力显然非常重要，但这样的能力离不开组织的环境设定、战略和目标的清晰明确以及持续的运营管理能力。

沟通能力：沟通能力是大家经常会提到的关键能力。但沟通是一个元能力，属于最基础的能力范畴。哈佛大学出版社有一套关于能力的书籍，总共三十多本，每本书都详细阐述一项能力，但其中并没有沟通能力。其实，沟通能力作为一个泛化的能力概念，并不能真正传达很多组织要求个体具备的能力状态，因为任何的能力都需要特定的场景才能确认为一项具体化的能力。因此，如果我们希望具化沟通能力，结合不同的场景，它可以是"影响说服"的能力、"专业呈现"的能力、"职业写作"（信函、公文、邮件等）的能力、"谈判"的能力、"反馈"的能力、"辅导"的能力等。这些具体的能力各有技巧和应用的场景，简单地谈"沟通的能力"往往大而化之。如果你希望一个人提高沟通能力，而不具体到特定的任务和特定的场景来谈，往往可能也就是说说而已，最后也就不了了之了。因此，我将"沟通"这种泛化的能力也归入了那些逐渐衰落的能力范畴中。

总之，能力的衰落，不被大家提起和重视，也不外乎几个关键原因：一是时代和社会形态变化了，人的状态变化了，能力就相应改变了；二是人们对于能力的理解越来越专业和深入，从个人能力发展的角度而言，已经不能满足于一些泛化的概念，而是更加特定、更加具体地理解能力。结果就是一些泛化的能力概念被逐步细化成为更多的具体的能力。

兴盛的能力

创新：经考证，“创新”（innovation）这个单词最早出现在13世纪欧洲的法律文本中，它最初意味着那些离经叛道的新奇和反叛的宗教思想。因此这个词最早的含义其实是一种诅咒。在1636年，英国的清教徒被指控为“创新者”，而他们面临的不是褒奖，而是被判处终身监禁（还被割掉了耳朵）。

到了20世纪，随着消费文化的兴起、专利数量的增加以及科研的不断投入和强化，“创新”成为一个正面而且积极的词汇。奥地利经济学家约瑟夫·熊彼特将创新定义为一种经济学的行为模式。他在1939年把“发明”定义为一种在不考虑其可能的经济收益的情况下进行的智力创新行为，而当企业发现如何将发明转化为有商业价值的活动时，“创新”就发生了。

到20世纪后期，“创新”的含义逐渐涵盖了人类一切更好或者更新的状态。从谷歌关于“创造”和“创新”的用语使用量上来看（如图2-1所示），“创新”从20世纪70年代以来比“发明”有了更大更多的使用，成为了一个流行的商业词语。

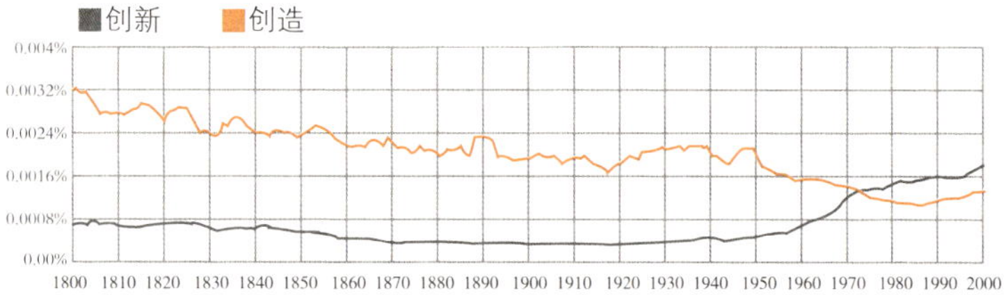

图 2-1　谷歌关于“创造”和“创新”用语的使用量

在中国，随着“大众创业、万众创新”的政策倡导，“创新”在中国也被推到了一个全新的认知高度。我们姑且不论真正的创新活动是否有所增加，“创新”作为一种能力语言已经被大众更广泛地接受了。

领导变革：美国一家专门从事变革管理的公司将变革管理这个概念分为四个阶段：1990 年以前是概念形成的阶段；1990 年到 2000 年是正式理论化的阶段；2000 年以后到现在是工具化的阶段；而未来变革管理将迈向专业化（如图 2-2 所示）。

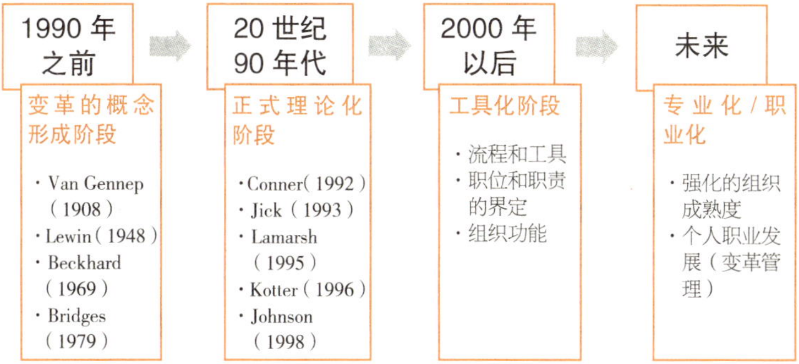

图 2–2　变革管理发展的时间线

就变革而言，科特勒提出的领导变革的八个步骤已经深入人心，包括：

· 制造紧迫感
· 组织一个强有力的领导联盟
· 制订远景规划
· 传达远景
· 授权他人行动
· 计划并实现近期的成果
· 巩固改进成果
· 把新的方法制度化

可以看出，变革的能力在近三十年已经在学术、商业等应用中得到了普遍认可。由于经济环境的快速演变和技术的快速发展，组织越来越重视变革能力，也同时要求组织中的个体具备领导或者适应变革的能力。未来的变革管理能力也将更加专业，甚至演变成为一门专业的学科。

教练辅导：教练（Coaching）的能力应该是近半个世纪从西方到东方最炙手可热的一种新的能力范式。教练的技术最早起源于体育教练。20 世纪 70 年代，网球教练，也是“内在游戏”理论的提出者高威先生，将“内在游戏”这一理论推广到了体育运动以外的一系列活动中来。后来，英国的约翰·惠特默爵士跟随高威先生的实践，提出了现在非常普及的教练技术的成长（GROW）模型。经过三四十年的发展，现在全球的认证教练人数已经达到五万人，包括了人生教练、领导力教练、高管教练、职业发展教练等多种职业类型。教练的能力也逐渐成为组织中经理人必须具备的一项关键能力。

当然，现在兴盛的能力不仅仅只有上述三项能力。无论是创新还是变革，还是教练辅导的能力，从它们发展兴盛的历程可以看出，这些能力都和半个世纪以来的全球化、高度工业化和个人意识的觉醒息息相关。

未来的能力

正念：正如本章节开始时我的学员提出的那样，正念在最近几年逐渐被国内的职业人士关注。正念本是佛法中的概念，它强调有意识的觉察，是佛法修炼中的八正道之一。后来，正念的概念被西方的心理学家学习采纳，形成了一套心理治疗的方法。代表人物之一就是美国麻省理工学院（MIT）医学院的琼·卡巴金博士。他创立了一套“正念减压疗法”的心理训练课程，培养人们的专注能力，帮助人们减轻压力，拥抱美好生活。

《正念教练》一书的作者利兹·霍尔在他的书中将教练和正念结合，认为它们是天生的一对概念，而正念可以有效地强化教练的实践。在未来个人意识不断升级的状态下，正念的模式将会得到更多的关注和接纳。

预测未来的能力：1943 年德国教授费莱希泰姆创造了“未来学”（futurology）这个术语，并和其他学者提出将“未来学”作为一门新的学科。未来学家通过对于过去和现在的规律的研究，来预测未来的可能趋势。近年来，很多组织越来越强调预测未来的能力。未来学不再仅仅是一种学术研究或者智库的学术活动，它也被更多的商业组织采纳，甚至成为组织希望中高层管理者应该具备的能力范畴。去年，我们开展了几次“商业预测”的培训活动，受到客户的高度认可。从这样的现象可以看出，“预测未来”的能力将可能成为未来组织关注的一项关键能力。

数字化敏锐（Digital Savvy）：在能力词典中，我们常将敏锐（Savvy）和商业、政治、组织等关联，形成如商业敏锐、政治敏锐、组织敏锐等能力词汇。但随着数字化浪潮的汹涌而来，数字化敏锐将会越来越成为一种关键的个人能力和组织能力。未来的世界将是数字化的世界，社交媒介、大数据、云计算、物联网、人工智能（AI）都是未来的数字化的应用领域。

最近，麦肯锡提出面对人工智能，CEO应该回答几个关键问题，他们包括：

- 我们的数字化现状如何？（行业AI应用水平如何？谁是这个层面的领导者？我们的组织结构是否准备好了采纳AI技术？）
- 我们未来将扮演什么角色？（本行业的潜在AI应用？短期和长期的业务效能？是否可以通过AI进入新行业？）
- 我们应该掌握什么样的新的数字化的技术？（应该着眼于哪些AI技术？如何获取这些技术？如何利用这些技术打造持续的创新？）

显然对这些问题有清晰答案的 CEO 将具备某种程度的数字化敏锐状态。毫无疑问，“数字化敏锐”的能力不仅仅是 CEO 之需，未来的劳动力将都需要具备某种数字化的能力。

从衰落、兴盛和未来的能力三个范畴来阐述能力的演变，实际上主要的驱动因素也是人类社会形态的演变（如表 2-1 所示）。

表 2-1 人类社会形态的演变

社会形态	能力状态	代表能力
传统社会	衰落	忠诚和服从、执行力、沟通能力……
现代社会	兴盛	创新、变革、教练……
后现代社会	出现	正念、预见未来、数字化敏锐……

因此，能力的兴衰状态可以让我们从更长远、更广阔的角度看待组织和个人应该具备的能力，也为迎接那些未来的能力作好具备前瞻性的准备。

在接下来的篇章中，我会逐项讲解自变领导力，从能力的效能观点来看，这些领导力属于正在兴起和面向未来的领导力。因此，那些希望在未来获得竞争优势的个体和组织会更需要获得这些自变领导力。可以肯定，那些不能够掌握这些自变领导力的个体和组织将有可能面临市场的淘汰。

自变领导力之领悟力

存在的目的就是“在生命最广泛的体验中，提炼出智慧”。

——《人类简史》

高于“学习能力”的“领悟能力”

在一次与客户的沟通过程中，客户期待能够通过一系列的学习活动让组织内部的业务领导者快速成长，获得更强的领导力：他们可以推动变革，有效地管理团队，有业务的敏锐度，有创新的精神。组织对于人才的领导力发展期待迫切，但往往一系列的学习活动下来，效果并不能彰显，为什么？

也有一些组织将其归因为人才的“学习能力”。我们通常认为员工掌握知识和技能，结合性格、动机和情商，就可以获得恰当的能力展现，达成卓越的绩效。业内也有“学习敏锐度”的概念，一个人如果具备头脑的敏锐度、人际的敏锐度、变革的敏锐度、结果的敏锐度和自我认知的状态，就是一种强大的“学习能力”的表现，这些恰恰是人才发展后的成果展现。但我们却无法有效说明为什么有的人可以具备相关能力（领导力），而另外一些人却一直无法获得这些能力。

严格来讲，我们需要承认很多复杂而且深刻的能力（领导力）并不是通过“学习”获得的，而是通过“领悟”获得的。对于“学习”而言，其目的是掌握知识和技能，对于“领悟”而言，其目的是理解自己、环境乃至世界和宇宙中蕴含的道理。学习涉及对知识和技能的记忆、理解、整合和应用，而领悟的过程更像一个黑箱，有些人可以领悟，而另外一些人却无法领悟。苹果成熟后都会从树上掉落下来，但只有牛顿才领悟到了万有引力。因此数学家斯宾塞·布朗说过：“如想获得最粗浅的真理，正如牛顿所知、所做的，需要经过多年的自我反省和深思。这与行为、推理、计算，或者任何形式的举动无关。也不涉及阅读、谈话、努力和思考。你需要铭记于心的，仅仅是自己真正需要探求的东西。”

领悟不是给出标准答案。佛陀在菩提树下顿悟，认为人生皆苦，并想清楚了脱离人类痛苦的路径和方法。但那终归是佛陀的领悟，是不属于其他人的。其他人即使深入学习了佛法，达成的理解程度也是千差万别的，很多人无法真正领悟。“领悟”的结果是获得智慧，“领悟力”指向的是智慧的人生。

学习是“未知到知”，而领悟是“无知之知”

如何区分“学习”和“领悟”的概念？“学习”帮助我们获得解决技术性问题（简单和繁杂的世界）的方法、工具、知识和技能。正如哈佛大学的领导力研究教授马蒂·林斯基和罗纳德·海菲兹指出的，如果我们用“技术性”的手段来解决“适应性”的问题（复杂和混沌的问题），常常导致失败。而面对那些高度不确定性的“复杂和混沌”的问题，人类的有效解答方法就是“智慧”。学习可以帮助我们看到“复杂和混沌”的一些方面，但却无法直接带给我们答案。这个时候，人类的智慧可以帮助我们接近这些复杂和混沌的问题的本质，或者学会如何与这些问题共处。可见，“学习”让我们解决技术性的问题，是让我们从未知到知的过程；而“领悟”让我们处理复杂和混沌的世界，是让我们达成“无知之知”（如表 2-2 所示）。

表 2-2　“学习”和“领悟”的范畴

类别	举例	问题性质和学习方式
学习	世界地理格局、人体的结构、物质元素表、使用电脑	简单的知识和技能性问题——学习（难度相对低）
	天气预报、太阳能的转化和商用、如何治疗肺结核	繁杂的技术性问题——学习（难度相对高）

续表

类别	举例	问题性质和学习方式
领悟	青少年的成长和成才、头脑的运行机制、世界和国家的经济运行状态（如中国的经济发展前景）、创业企业能否成功	复杂的适应性问题——领悟（难度高）
	人类的起源、一个组织的存活时间、政治局面的变化、宇宙的起源和演化	混沌的适应性问题——领悟（哲学的思考，难度高）

很多深度的能力（领导力）是帮助人类如何面对复杂和混沌的世界的。当你要开创一个企业时，没有人知道你能否成功；当你要领导一个团队时，你永远不可能透彻理解每个团队成员；当你准备投资时，没有人知道未来的经济会形势好转还是孕育着另一次经济危机；当你发展下属时，没有人可以清晰地说明发展人才的配方，从而保证每一个下属都成为人才……这些都是我们面临的“复杂”的问题，是高度不确定的，是“未知的未知”。而那些关乎“组织能否长盛不衰”“人类由何而来”“人类有没有来生”等“不可知的未知”的问题，我们一直都处于“混沌”中。

有些领导者可以恰当地处理复杂和混沌的问题，他们带领我们进入了一种以往未知的领域，我们将这样的领导力称为“远见”“创新”“变革”“发展人才”等。很多时候，成功的领导者无法清晰地解释他们为什么成功。人类已经可以生产出很多结构复杂的机器人，但我们还无法直接复制出另外一个“乔布斯”。

可以这样说，领悟就是达成“无知之知”的过程，而“无知之知”就是智慧的状态。“无知之知”是人类对待“不可知的未知”的世界的解答，是了解知识所无法覆盖的地方的智慧。庄子认为，成圣之道需要摒弃知识。摒弃知识的结果，自然就没有知识。但是“无知之知”和“无知”是两回事。“无知”是人的原始状态，而“无知之知”则是人经过“有知”而后达到的“无知”的阶段。人达到“无知之知”是心灵的成就。

和学习知识技能不同，领悟力和获得智慧的状态是无法简单地传递和教授的。欧洲工商管理学院的著名教授曼弗雷德·凯茨·德·弗里斯（Manfred Kets de Vries）在其《为什么智慧无法被教授》（“Why Wisdom Can't Be Taught”）一文中就阐述了这个观点。我们无法清晰地界定领悟的过程，也没有办法理解为什么有人可以领悟，而另外很多人没有达成领悟和智慧的状态。

随着科技的发展，人工智能、机器人逐渐取代了很多人的工作，对于人类的领悟力和智慧反而会造成破坏。领悟和获得智慧需要专注和长时间的思考，而现代社会剥夺了很多人这方面的资源和机会。大家天天忙于工作和生活，却没有时间思考和领悟人生和世界的本质。另一方面，科技的发展带给人诸多的便利，让人们以从未有过的“舒适”来过“容易”的生活，不需要克服困难，没有经过特别的努力似乎就可以获得一切生活所需要的。而这却培养了懒惰，人们不再去思考技术背后的挑战以及很多深度的问题。“无知”和“享受已知”让人愚钝，而“探索未知”和“拥抱不确定”才是寻找智慧的正确方向。

智慧的界定

领悟会激发智慧。那什么是智慧？很多的圣贤之人，如佛陀、老子、孔子等历代的思想家、哲学家都曾给出他们关于智慧的系统思考和解答。

孔子的思想是中国人智慧的结晶。“朝闻道，夕死可矣”显示了孔子追求智慧和真理的决心；“知者不惑，仁者不忧，勇者不惧”“四十而不惑，五十而知天命，六十而耳顺，七十而从心所欲，不逾矩”都是体现智慧的名言，即对于人世间的各种问题不再困惑，有仁慈之心和勇气面对各种挑战，并随着年龄的增长，知道了人生的意义，达成了内在的和谐，不再有人生的冲突感，而是从心所欲，和外在世界完美合一。同时，孔子一向主张“知其不可而为之”，“道之不行，已知之矣”，这是一种入世的智慧，敢于面对不确定性和可能的失败，认为正确的就要坚定地去做。

而老子的智慧在《老子》中就已开篇明义："道可道，非常道；名可名，非常名。无名，天地之始；有名，万物之母。"老子认为"道"是我们真正的智慧，是无法用语言表达和描述的。老子还说："大成若缺，其用不弊。大盈若冲，其用不穷。大直若屈，大巧若拙，大辩若讷。""曲则全，枉则直，洼则盈，敝则新，少则得，多则惑。"这些都体现了辩证思维的智慧，是人生完美的系统思考。老子也认为知识是欲望的主人，也可能会是欲望的奴隶。人的知识越多，就越不知足、不知止。真正的智慧是不受知识的奴役。

而道家的另外一个代表人物庄子则认为"至人无己，神人无功，圣人无名"。就是说智慧的人可以达到无我、自由、天人合一的最高快乐境界。

而佛法的智慧则认为"人类的困苦来源于我们对于世界和自己的无知（'无明'），从而产生了各种幻相，造成了人的痛苦。而获得解脱的唯一方法就是'觉悟'，实现涅槃"。显然，佛法不是传递知识，而是传递领悟人生的能力。

另外，很有意思的是，中国佛法中有"渐悟"和"顿悟"的区别。"渐悟"是不断学习和修行的过程，依靠渐悟是不足以成佛的。而"顿悟"是一种领悟的突变反应。由此岸到达彼岸，不需要任何中间环节。显然，"渐悟"还是一个"学习"的过程。而顿悟是获得智慧的状态。

什么是智慧的状态

在现在和未来的社会，我们更需要“智慧的领导者”，而不是“机械的管理者”。结合先哲的智慧理解和自变领导力的理念，我们可以将智慧的领导者描绘成如下这些状态：

- 智慧的领导者可以在自己的头脑中容纳对立的思维，而不会感觉冲突和矛盾；
- 智慧的领导者不认为知识是万能的，能看到知识和技术解决不了的领域，并学会和复杂的问题共处；
- 智慧的领导者因此是谦逊的，和平的；
- 智慧的领导者思考根本性的问题，他们对于自我、人类、世界和宇宙有自己的看法；
- 智慧的领导者理解人内在的因素，洞悉人性；
- 智慧的领导者善于辩证地思考，不接收绝对的真理；
- 智慧的领导者是真实简单的，他们言行一致，知行合一；
- 智慧的领导者相信更高层面的力量的存在；
- 智慧的领导者享受内在的和谐和统一，他们的所思、所想和所为内外一致，高度和谐。

获得领悟力的一些想法

虽然我们可以界定领悟力和智慧的状态，但我们无法简单地教会一个人领悟的能力，从而达成一种“智慧”的状态。如果我们希望获得领悟力，下面的一些建议可能有帮助：

（1）展开哲学的思考，尝试解答人和世界最根本的问题；

（2）借助先贤和哲学家的智慧，理解智慧的状态和获得智慧的路径，并努力探索；

（3）向内而求，在向内求索智慧的过程中体验和领悟。

冯友兰曾谈到，我们的生命活动可以分为四个等级，“一本天然的‘自然境界’，讲求实际利害的‘功利境界’，‘正其义，不谋其利’的‘道德境界’和超越世俗，自同于大全的‘天地境界’”。在这四种人生境界中，前两种是人的自然状态，后两种是人应有的生命状态。而达到“天地境界”就是人、特别是智慧的领导者可以取得的最高状态了。

自变领导力之预测未来

让你遇到麻烦的不是未知，而是你确信的事并非如你所想。

——马克·吐温

“预测未来”能力

邓小平在香港回归前，面对大家对于未来的香港的政治制度是否改变的疑问时，给出了“香港五十年不变”的判断。敢于对五十年后的状态给出判断，就是一种有“远见”的状态。能够看到未来，敢于预测未来，这往往是杰出的领导者能够展现的最佳状态。但有时，领导者提出未来的图景，并不见得很容易得到他人的认同和认可。软银集团的总裁孙正义应该是最早坚定地做互联网投资的领袖人物。在他的自述中，他分享了公司刚成立的时候只有三个员工的经历。在开始工作的时候，孙正义非常慷慨激昂地描述了未来互联网的发展前景和“软银”希望成为的公司状态。结果，有可能因为他的不切实际的愿景，第二天三个员工都不见了。预见未来的状态本身就有高度的不确定性，因此，能够让别人相信并跟随，能够相对准确地预测并坚持到底，才会让大家确认领导者的远见能力。

“自变领导者”往往具备“远见”的能力，甚至能让人们相信他们可以“预见未来”。在《三国演义》中，诸葛亮可能是最受推崇，也是最受大家喜欢的一个杰出政治人物，也是中国人心中智者的象征。诸葛亮在小说中的魅力所在，恰恰是他可以神一般地预见未来。大家耳熟能详的草船借箭、授予赵云三个锦囊妙计、预见曹操会败走华容道等故事，都非常形象地渲染了诸葛亮的预见能力。“运筹帷幄之中，决胜千里之外”就是中国古代对于拥有预见能力的领导者的高度概括。虽然小说中的诸葛亮多有虚构，但在《三国志》中记载的“隆中对”情节里，诸葛亮的确展现出身在茅庐、已能判定天下的才能，最后得以辅助刘备成就霸业，基本实现了隆中对中描述的政治格局。在资讯非常不发达的古代，能给出这样精辟的对未来政治军事走向的判断，不能不让人赞叹和佩服。

古代可以预见未来、具备“远见”能力的杰出领导者屈指可数。但随着时代的发展，有远见、能够预见未来似乎越来越成为很多商业领导者的必备能力。在一个高度动荡、模糊、不确定的世界中，那些能够预见未来的领导者往往可以带领其组织和团队战胜不确定性，取得最佳的商业成果。

人类的更高欲望似乎是希望预知未来，因为我们所处的世界有很多不可知的领域。从历史的角度看，人类对于世界的认知一直在不断加深，很多原来对于人类的未知领域现在变为了已知领域。如天气的预测，古代的人类对于气候的演变缺乏理解和掌控，但现在人类已经可以准确预测未来几天甚至几周的天气情况。诸葛亮的预测天气变化的能力在今天已经变成一种现实！实际上随着科技的发展，必然会有很多未知的领域已经或者即将成为我们已知的领域。

斯蒂文·索萨和狄安娜·雷纳著的《未知——将不确定性转化为机会》一书中，通过对于已知和未知的界定，将我们的世界分为四种概念空间：

- 简单（已知的已知）
- 繁杂（已知的未知）
- 复杂（未知的未知）
- 混沌（不可知的未知）

具体的解释如下表：

表 2-3　四种概念空间

定义	举例
简单 “已知的已知”领域，表现为熟悉的、确定的和惯用的方式	上班的路线 做蛋糕的方法
繁杂 “已知的未知”领域，表现为有规律、可以预测的事物	运用会计准则 建造一艘超级油轮 重组一家公司
复杂 “未知的未知”领域，表现为乱流、不可预测、没有正确的答案、突发指示性模式和其他的竞争性思维	培育青少年 为新市场创造新产品 预测全球经济 种族隔离结束后的社会和解
混沌 “不可知的未知”领域，表现为高波动性和无序性	2001 年的 9・11 事件 森林大火

“复杂”状态和“混沌”状态

我们对于世界的认知领域一直在不断扩张，很多原来“未知的未知”领域会逐渐演变为“已知的未知”，有一些领域，甚至会成为人们的“已知的已知”区域。但其实，还会有大量的领域会一直处于我们认知的“未知”或者“不可知”的状态。对具备自变意识、能够引领众人的杰出领导者而言，面对着四种不同的状态会展现出不同的领导力模式（如表 2–4 所示）。

表 2–4　问题类型和领导者应对状态 / 方法

定义	举例	领导者的应对状态 / 方法
简单 “已知的已知”	世界地理格局 人体的结构 物质元素表 人的工作模式 使用电脑	交流 授权 管理 ……
繁杂 “已知的未知”	天气预报 太阳能的转化和商用 如何治疗肺结核	确认方向和愿景 领导和组织专家完成 激励 ……
复杂 “未知的未知”	癌症的有效治疗 头脑的运行机制 世界和或者国家的经济运行未来状态（如中国的经济发展前景） 商业模式的有效性 人类的寿命管理	预见 / 远见 判断力 断定和坚信 寻找确定性 让更多的人相信 ……
混沌 “不可知的未知”	人类的起源 一个组织的存活时间 政治局面的变化 宇宙的起源和演化	敢于猜想并给出假设 依赖信仰 树立价值观 ……

对于“已知的已知”领域，领导者的责任往往在于澄清和交流，并授权让大家去完成。因为，在这个领域的任务和问题已经有了清晰的答案，属于简单的技术问题。如使用 PPT 制作一个建议书方案。对于“已知的未知”领域，领导者的责任

在于依赖和委托专业人员完成专业的工作，这样的工作是复杂的技术型工作，需要专业人员完成，如制造电动汽车。

对于“未知的未知”领域，往往是自变领导者展现远见状态的关键领域。在这样的领域，我们将面临大量的不确定因素，信息是模糊的、不全面的和不稳定的。有时并没有特定的规律和模式可循。如人类移民火星的愿望就属于这个状态，虽然我们对于火星、火箭运载人类以及人类在太空生活已经有很多理解，但离人类在火星上可以长期稳定生存的状态还有很远的距离，很多领域是未知的、不确定的。这时候，就需要领导者展现出有远见的能力，包括坚信我们可以达成特定的使命、通过现在的实践让大家确认我们可以迈向未知的领域。一个非常显著、已经成为现实的例子就是肯尼迪在 1961 年宣布，人类要登上月球。这个愿望现在已经变成了现实，因此，也可以相信未来人类也会实现登上火星的目标。

对于“不可知的未知”领域，由于在相当长时间内，人类不可能作出更进一步的理解，领导者的作用更多地可能需要依赖信仰和价值观来带领众人。我们通常谈到价值观的领导，但为什么需要价值观的领导呢？其中一个关键因素，价值观和信仰可能是人类应对“不可知的未知”领域的现实手段了。

总之，处于繁杂状态下，我们需要的是专业的知识和能力，包括管理能力。这些领导者的能力可以让我们整合信息、分析判断、给出决策、管理过程。但对于复杂和混沌的情况，专业的能力并不能帮助我们太多，有时甚至会误导我们。有一名记者曾说："任何复杂的问题，都会有一个清晰、简单但错误的答案。"对于复杂的情况，人类需要发展出一种预测力和适应力，而对于混沌的状态，我们需要的是定力（后文有阐述）。

哈佛大学肯尼迪政府学院的领导力研究教授马蒂·林斯基和罗纳德·海菲兹认为，我们往往用"技术性"手段解决"自适应"的问题，这是我们失败的根本原因。对于相对确定的问题和任务，我们需要"技术性"的能力；对于高度不确定的问题和环境，我们需要的是一种"适应性"的能力。而笔者阐述的"远见"的能力就属于一种"适应性"的能力，是否有远见的关键所在，首先需要的就是区别对待世界中不同类型的问题，不要将处理模式搞混。

远见的能力包含前瞻、大局观、适应力、辩证思维和行动力。综合分析下来，我们可以发现有远见能力的领导者通常表现出如下的一系列关键特征：

前瞻性：能够思考未来3—5年甚至更长时间的发展状态；

大局观：从外部大局出发，对于经济、政治、人类的发展有大局和整体的认知；

适应性：敢于判断不确定的情形，对于未知领域有求索探寻的欲望，根据自我认知给出断定的看法和观点，在不确定因素中寻找确定因素；

辨证思维：不受到固有知识、认知和意识的束缚，能够跳出思维桎梏，考虑各种可能性，能辨证地认知和看待世界；

坚信并敢于行动：相信自己对未来的判断是对的，并坚持行动，将头脑中的图景通过每天的行动逐步实现。

一次我在网上看到了一个乔布斯在2000年访问日本的视频，其中让人印象深刻的是，当时，乔布斯就很坚定地相信未来的电脑能够理解人类的感情。即使到了十几年后，我们还是没有能够实现这个愿望。但有谁又敢否定这不是未来的模式呢？另外，当我们看到苹果智能语音助手（Siri）等一系列苹果开发的技术时，可以看到循着这样的前瞻想法，苹果已经开始逐步落实这样的未来状态了。

牛津大学哲学家尼克·博斯特罗姆（Nick Bostrom）提出过一个假设：如果宇宙中真的有某种高级智能存在，那么他们应该有能力模拟出无数个虚拟世界，其中就包括我们生活的世界。这就是"模拟理论"。这样的理论乍一听非常荒谬，难道我们是某个更高级智慧生物的电脑游戏中的一个虚拟人物吗？难道这个世界真的是更高级的生物或者上帝创造的吗？显然，当你这样认为的时候，是我们过往的知识、对世界的认知、我们的信仰相互作用的结果。由于这样的理论和普遍大众接受的现有知识、世界观直接矛盾，我们理所当然认为这是错误的。

而恰恰这时候，我们的思维表现出了高度的局限性。事实上，模拟理论作为一种理论假说，科学家现在并无法证明这个理论是错误的。因此，我们也无法确认未来人类的认知是否会发现一个不同的世界。对于引领科技潮流、希望移民到火星的马斯克而言，未知的世界皆是一种可能性，能够接受不同的理论和假设，能够辨证地思考，不贸然拒绝，显然是一种自变领导者应该具备的关键能力，也是支撑领导者的远见能力的一种关键要素。

未来的不确定性中孕育着确定性

2014 年，我参加 INSEAD 在上海举办的校友论坛，INSEAD 的校长、经济学教授 Ilian Mihov 讲到世界经济的发展趋势时，呈现了从 1870 年至 2006 年美国人均 GDP 的增长曲线图（如图 2-3 所示）。从这幅图可以看出，美国的人均 GDP 呈现出了一个非常明确的增长曲线，不管美国经济如何起伏，在战争、经济危机、自然灾害、政治格局变化、科技和创新等各种因素影响下，美国的人均 GDP 增长速度始终保持着 1.85% 的速率。这个发现让我非常惊讶。

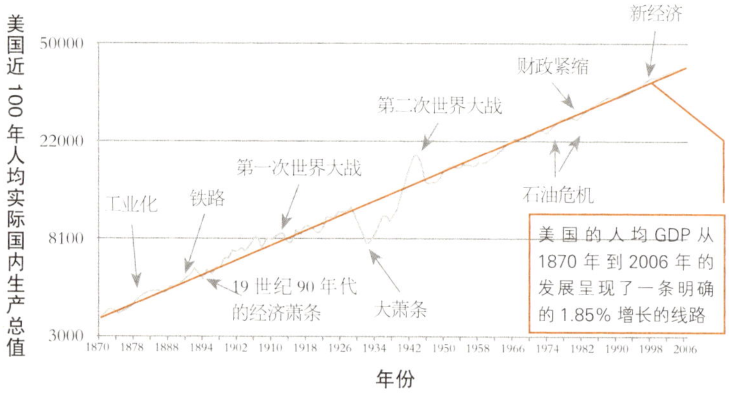

图 2-3　1870 年至 2006 年美国人均 GDP 的增长曲线图

注：美国的人均 GDP 从 1870 年到 2006 年的发展呈现了一条明确的 1.85% 增长的线路。对其有一定影响的因素：包括"工业化""铁路""19 世纪 90 年代的经济萧条""第一次世界大战""大萧条""第二次世界大战""石油危机""财政紧缩""新经济"等。但影响都不巨大，它具备自我修复的状态。

我们每个人都对经济的不确定性感同身受，对于可能的经济萧条和危机充满了畏惧，也期待科技创新、有效的政策能够拉动经济。但当你发现，美国的经济的总体增长会有这样惊人的稳定性（不管那些不确定因素有多少，最终的经济增长在某种程度上是确定的）的时候，相信你对于世界的认知就能够到达一种新的层次。回过头来看，这要求我们对于不确定的未来保持一种确定的观点（当然这建立在一种深度学习和理解前沿发展的状态上）。有远见的自变领导者往往都具备这样的特质，那就是可以在不确定的状态中寻找确定因素，并通过一种“反脆弱”的能力坚定落实自我的想法。

下面我将一些典型的有远见的领导者表现出来的具体特征罗列出来：

表 2-5 自变领导者的远见能力的具体表达方式

有远见能力的自变领导者	预见未来的事例	有远见的具体化表达方式
马斯克	相信模拟理论，认为我们所处的世界可能是一种更高智能生物的模拟环境	辨证思维：敢于思考“不可知的未知”形态,如人类的起源、世界的终极动力等问题,并作出自己的尝试性的判断，敢于坚定地表达自己的想法
	人类移居火星	坚信并敢于行动：对于未来人类发展可能性的一种判断，并通过发射火箭、回收火箭等尝试落实
乔布斯	相信未来的电脑会有感情	前瞻性：对于电脑的发展规律的前瞻性看法，并通过 Siri 等一些技术尝试接近这样的状态
邓小平	香港的未来安排	适应性：敢于给出香港的政治制度五十年不变的判断

显然，现在和未来的人类社会都需要有远见的自变领导者。随着人类对世界认知的不断深入，不断尝试着管理不确定性，预见未知，认知自己和世界，我们的社会也会培养出更多有远见、敢于预见未知的自变领导者。

自变领导力之破局能力

你担心什么，什么就控制你。

——约翰·洛克

思考“破局能力”的起因

五年前，我曾给人人网的最高层领导者做过一次“SIAC领导力发展模拟舱“的领导力培训。“SIAC领导力发展模拟舱”需要根据人人网的领导力模型定制打造。给我留下深刻印象的是人人网的领导力模型中有一条能力叫“破局能力”。在胜任能力范畴中，我们经常谈到“战略思考”“领导变革”“创新”等能力，“破局能力”无疑是一个新的能力名词。在当时，我也认为“破局能力”就是一种“领导变革”的能力，只是变换了一种说法而已。

但当我围绕“自变领导力”的概念开始写作的时候，人人网的“破局能力”就一直萦绕在我的脑海中。随着思考的加深，我逐渐意识到“破局能力”应该是一种不同于“变革”的能力。“破局能力”顾名思义就是打破旧有局面的能力，而旧有的局面往往是在一定的历史空间中，由人们形成的共同想法、价值观、信仰和行为模式构筑而成的。这些稳定的模式形成了强大的壁垒，不是一般人可以突破的。随着时代的演进，很多固有的想法可能不再适应新环境的要求，就需要具备破局能力的领导者打破局面，带来变革。从普通个体的层面，我们每个人都受制于社会中的价值观、行为模式和流行想法。这些想法的局限可能最终限制了个人的思路，让大多数人盲目服从。从这个意义上来说，“破局”的能力也是每个人都需要具备的能力，是一种可以打破我们内在思维局限、实现思维突破的能力。

什么是“局”

谈到破局，首先要明确什么是“局”。头脑复杂度的理论清晰地界定了那些实现我们头脑升级的障碍。而这些障碍就是局限我们的客观因素，大体可以分为四个层面（如图 2-4 所示）：

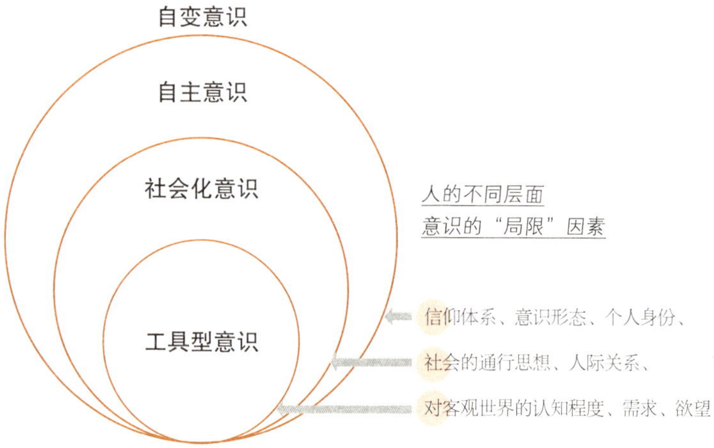

图 2-4　人的不同层面意识的“局限”因素

- 我们对客观物质世界运行的认知程度
- 我们的需求、兴趣和欲望
- 社会上通行的思想和想法，我们的人际关系
- 我们坚信的信仰体系、意识形态和个人的身份认知

对于第一个层面的认知局限，很容易理解。人类的认知在不断提升，原来人们认为地球是平的，后来逐渐认知到地球是圆的；早期，大家认为地球是宇宙的中心，后来认识到地球只是太阳系的一个星球。现代科学技术日新月异，对于世界的认

知也越来越科学，但永远不要认为我们完全了解客观世界，否则我们的思路就会被阻碍，就会陷入到认知的“局”中。1899年，美国专利局局长面对无数发明专利宣称：“所有人们可以发明的东西，都已经被发明了。”现在大家都把这句话作为一个笑谈。但细想一下，难道我们现在的思路中就没有这样类似的想法吗?

第二个层面的局限来源于我们的欲望。欲望可以驱使人们的行动，让人的认知变得模糊不清，不由自主。这个层面上的局限和佛教中阐述的观点有很多类似。打破欲望和贪念会让人更加不容易受到物质的诱惑，从而更加专注于正确的行为，追求内在的幸福。

第三个层面的局限是社会上通行的思想和想法。对于大部分社会上的通行想法，我们很自然地愿意保持一致，或者习惯于用这些想法来塑造自己的观点。背后的驱动因素是我们每个人都是社会的人，我们需要保持良好的人际关系，也寻求和人、特别是亲近的人的亲密关系。但当这些社会上的想法是错误的和有害的时候，我们也就跟着成为错误或者是荒谬的一部分，甚至成为了“邪恶”的“共谋”。其实这样的社会化思想无时无刻不存在于我们身边，如果我们认识不到其存在反而被这些思想所驱动，我们无疑就会被局限于其中，成为这样的社会化思想的“囚徒”。

最后一个层面的局限来源于我们的信仰体系和意识形态。有些人随着受教育程度的提高、经历的增长，会形成一定的自我信仰体系和意识认知。他们通常会通过这些信仰体系和意识认知来界定自我的立场，设定范畴和边界。但往往一个人的信仰体系越强大，形成的壁垒就越坚固，实际上是很难打破和被他人影响和改变的。假如你让一个有宗教信仰的人看到他的信仰局限时，会遭到他的强烈反驳。其实很多冲突也是由于信仰和意识形态的矛盾产生的，当不同的人陷入不同的信仰局限中，发生矛盾冲突是必然的。因此，信仰体系和意识形态实际上也是一种束缚。

优秀的具备破局能力的领导者

1. “破局者”林肯总统

在美国历史上，人们公认的最伟大的总统是哪位？他不是开国总统华盛顿，也不是带领美国赢得二战胜利、确立世界地位的罗斯福，而是美国第十六届总统亚伯拉罕·林肯。每一届新的美国总统都会去林肯纪念堂向林肯致敬。林肯之所以能成为美国最伟大的总统，恰恰是由于他的“破局”能力，因为他打破了农奴制，维护了美国联邦制的统一。

林肯总统的关键历史片段：

1834 年，林肯在成为州议员前，就敢于站出来发表演讲，抨击黑奴制度。

1847 年，林肯参加了国会议员的竞选，获得了成功，第一次来到首都华盛顿。林肯逐渐成为反对黑奴主义者。他认为奴隶制度最终会被消灭。

1850 年，美国的奴隶主势力大增，林肯退出国会，继续当律师。

1860 年 11 月，林肯当选总统，共和党首次执政。林肯的当选对南方种植园主的利益构成严重威胁，南方种植园奴隶主为制造分裂，发动了叛变。

1861 年 4 月，南方叛乱武装首先向北方挑起战争。林肯号召民众为维护联邦统一而战，南北战争爆发。

1862 年 8 月 22 日，在给《纽约论坛报》编辑格瑞莱的信中，林肯写道："我的最高目标是拯救联邦，既不是保存奴隶制度，亦非摧毁奴隶制度。如果不解放一个奴隶就能保存联邦，我就一个不解放；如果解放全部奴隶就能保存联邦，我就全部解放；如果解放一部分奴隶，不解放其他奴隶就能保存联邦，我也照办。"

北方在战场上的失利引起了广大人民的强烈不满，许多城市爆发了示威游行，要求政府采取措施扭转战局。这时林肯才意识到，要想打赢这场战争，就必须调动农民的积极性，废除奴隶制、解放黑奴。

1862 年 5 月，林肯签署了《宅地法》，规定每个美国公民只交纳 10 美元登记费，便能在西部获得 160 英亩土地，连续耕种 5 年之后就成为这块土地的合法主人。这一措施从根本上消除了南方奴隶主夺取西部土地的可能性，同时也满足了广大农民的迫切要求，大大激发了农民奋勇参战的积极性。1862 年 9 月，林肯又亲自起草了《解放黑人奴隶宣言（草案）》。

1863 年提出“民有、民治、民享”的纲领性口号，从而使战争成为群众性的革命斗争。

1865 年 4 月 3 日攻占了叛军首都里士满。4 月 9 日，叛军总司令罗伯特·李率残部 2.8 万人在阿波马托克斯小村向格兰特投降。历时四年的南北战争以北方的胜利而告终。随后北方取得了南北战争的胜利！

1865 年 4 月 14 日晚 10 时 15 分，就在南方军队投降后第 5 天，林肯在华盛顿福特剧院被枪杀。

从上面的林肯简史中，我们可以看到林肯作为历史破局者的伟大之处：

有充分的历史认知：认识到农奴制是落后的制度，提出一系列有效的思想、政策，支持历史的演变；

敢于挑战权威：在农奴制度盛行的状态下，敢于提出明确的反对思想；

坚定的行动：坚持行动，敢于直面战争。维护联邦的统一，维护正确的理念。

林肯最初并不是完全坚定废除农奴制度，可见农奴制作为一种社会制度，是根深蒂固的，但林肯响应城市平民和社会发展的需要，最终废除农奴制度，实现了历史的“破局”，推动了美国乃至人类的历史进步。

2.“破局者”张瑞敏

张瑞敏可以说是现代企业家中最具“破局精神”的一位。他带领海尔从一个集体工厂起家，成为世界第一的家电生产厂家。而他在企业发展壮大之际，提出将庞大的组织分解为数千个小微型企业，去掉了大量的中层管理者，将企业变成了平台。这是一种完全的破局。因此，他也被评为了全球50位管理思想家之一。他在思维上打破原来对于组织管理的自我信仰体系，打破传统的管理理念，考量到移动互联网时代的要求，提出了系统的人单合一的管理理念（如表2-6所示）。如果从破局的角度来看，张瑞敏是中国当今为数不多的具备破局能力的企业家之一。

表 2-6　海尔人单合一与传统企业的区别

传统企业	海尔
企业	平台
科层制	网络化组织（小微）
企业付薪	用户付薪

如何做到“破局”

能“破局”者要学会批判性的思维。布鲁克菲尔德（Brookfield）在 1987 年提出了关于建立批判性思维的四个步骤就是一种非常有效的思维“破局”模式。这四个步骤针对自己的想法、信仰、价值观、行动等一系列认知世界的概念展开系统的思考，挑战这些想法的背后假设，从而形成更广泛的认知（如表 2-7 所示）。

- 确认概念背后的假设，并挑战这些假设，是批判性思维的核心
- 挑战概念所依赖的背景和环境是批判性思维的关键
- 具备批判思维的人会想象和探索现有思维的替代模式
- 想象和探索替代想法导致我们产生反思性的怀疑

表 2-7　批判者的思维模式

批判思维者的模式	相关描述
确认概念背后的假设，挑战假设	批判反思的第一步骤，就是确认那些我们或者他人已经习以为常的想法、信仰、价值观、行动以及社会结构背后的假设，并思考这些假设是否真的有效和准确。批判思维的人会对这些假设提出挑战性的问题，来确认这些假设是否真的成立
分析假设存在的背景环境	批判思维的第二步是需要认识到我们的假设是在一个特定历史文化背景之下，社会和个人共同建立的。这些聚合很少被挑战的假设塑造了我们的想法和行为
寻找替代模式和环境	探索受到质疑的流行认知和行为方式的替代方式。想象这些替代方式的存在背景，并将这些背景和假设逐渐融入批判思维者自我的生活中
成为反思性的怀疑者	敢于对普遍真理、人们普遍接受的想法、权威人士的看法提出质疑

“破局”者的行动

依据上面布鲁克菲尔德提出的批判思维的模式，可以看出作为一个具备破局能力的领导者，往往需要展现如下的“破局”行为。

1. 破局第一步：破局者需要充分的觉察

- 破局者需要觉察束缚我们的想法和观念，这些想法和观念有可能是别人的想法，也有可能是大众形成的观点；
- 破局者能够觉察事物运行的规律、演化过程，形成“历史的自觉”。破局者理解事物运行背后的假设，并敢于判断这些假设是否合理。

2. 破局第二步：破局者需要展开多模式思维

- 破局者要敢于质疑现状、敢于挑战普遍真理和权威想法；
- 破局者需要考量多种思维模式的利弊，运用多个模式来考量同一问题，形成内在的思辨和交锋，从而形成内在一致的新模式和想法。

3. 破局第三步：破局者需要坚定的行动

- 破局者敢于按照自我的新认知行事；
- 破局者敢于影响他人，让更多人接受自己先进的思想；
- 破局者也能够顺势而为，利用环境，争取更多人的支持，从而最终改变局面。

在 VUCA 的时代，破局的能力越来越重要，即使一个人不是总统，不是领导者，也需要破局的能力。因为破局可以帮助我们克服内在的障碍和困惑，实现认知状态的突破。

自变领导力之创新

创新能力区分了领导者和跟随者。

——乔布斯

创新是自变领导力的关键组成部分之一。创新作为一种能力，在世界范围内已经上升为一种国家希望具备的群体能力，是个人及组织，乃至国家竞争力的关键差距所在。关于创新的文章和书籍非常多，在这里，我们专注于从“自变领导力”的角度来分析“创新”这一自变领导力，涵盖如下内容：

（1）创新能力的源泉和动力来源；

（2）创新是一种价值观的体现；

（3）创新是一系列优秀的行为模式；

（4）创新可以被学习和掌握。

自变的头脑会更自主的展开创新

达成“自变意识”的人可以超越自我身份、意识形态和自我认知的束缚，更加辩证地看待事物和自我。乔布斯经过创立苹果、被放逐、创立 NeXT 和皮克斯动画电影这一系列事情后，思想逐渐成熟，后期的磨练让他再回苹果公司时能够超越自我作为一个“做电脑的人”的自我认知束缚，从而将电脑和其他行业有机整合，推动创新了一系列让苹果重新崛起的产品，如 iTouch、iPhone、iPad 等。

创新来源于你如何更加客观地看待这个世界

大家都很熟悉“蓝海战略”这个概念，它是由 INSEAD 的战略教授金伟灿（W. Chan Kim）和莫伯尼（Renée Mauborgne）提出的，其实，“蓝海战略”是金伟灿对自己的战略价值创新理论的一种形象化诠释，从而获得了大众广泛的传播和认知。从“价值创新”的角度来看，其本质就是一种创新的模式和方法。当我们定位一家公司的战略、产品和市场营销时，如果可以将一个产品和服务的价值链条有效分解，找出那些真正能够吸引客户的价值点并凸显出来，就是价值创新的要义，也就能够开创一片与众不同的“蓝海”。

在价值创新的相关论文中，金伟灿提到了法国的雅高酒店集团推出高品质的经济型酒店“一级方程式酒店”（Formula 1）的经典案例。在去除“酒店大堂”“餐厅”等价值链中多余的设施后，雅高酒店集团在其 Formula 1 酒店中凸显了酒店的“卫生程度”“舒适的床”和“安静的休息环境”这些价值点，从而迅速征服了市场，其在法国的市场份额一度相当于其他五个市场竞争者的市场份额的总和。而推出这样的竞争策略并取得了高速的增长，恰恰缘于雅高酒店集团的业务领导者对于市场现状和客户需求的敏锐观察和判断。因此，我们可以看到，对于客观世界的有效认知，包括对于消费者的偏好、兴趣、市场趋势、市场现状等要素的充分理解和客观认知，才导致了雅高集团的业务领导者能提出相应的 Formula 1 酒店的价值创新主张（如图 2–5 所示）。

Formula 1 酒店在法国的经济型酒店中通过提供消费者最需要的价值点而省略那些他们不太看重的价值点，率先提供无可比拟的价值创新。

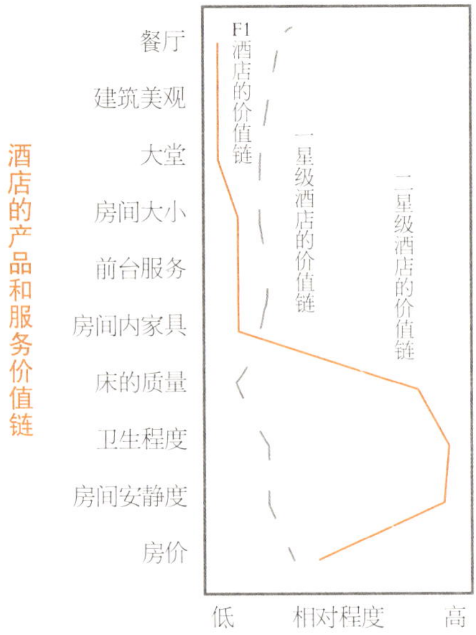

图 2-5　Formula 1 的创新曲线

分析任何一个发明、创造和创新，都可以发现其中参与创新的人对于世界更加深刻的理解和认知。现在诸多商业创新都来源于对于未来人类发展、科技应用和人性的深度认知和理解，也反映了人类不断追求更高、更快、更强、更便捷和更加人性化的普遍追求。

创新者首先需要建立创新的自我认知和意愿

创新能力不是天生的，而是后天培养获得的。要成为创新者，首先需要培养“我是一个创新者”的自我认知和意愿。很多创新领导者从青年时代就开始尝试创新。如乔布斯年轻时生活在硅谷，有机会接触了很多创新的 IT 产品的发展，因此促使他后来创立了苹果公司并开发出世界首台便携式的电脑产品。后来苹果公司的一系列新的电脑和 IT 产品的推出，都强化了乔布斯作为“创新者”的自我认知和定位。乔布斯曾说：“活着就是为了改变世界，难道还有其他原因吗？”就反映了一种强烈的创新者的自我定位和认可。

“创新者”的定位并不只是属于那些事业成功、世人皆知的领导者。每一个人都可以将自我定位为一个可以“创新”的人。我本人的经历就说明了这一点，2000 年的时候，我发表了一篇关于“创新”的论文，论文中的一个主要的关于创新的理解就是“创新就是做不一样的事情”，这源于我对创新的一种非常朴素的认知——创新不是一种复杂和有难度的活动，而是一个人的日常的行为模式。在工作中，我经常尝试寻求发展不同的产品和服务模式。后来创立的“SIAC 领导力发展模拟舱”培训模式也是基于这样的创新理念和认知的驱动而发展出来的。

另外，创新是一个不断完善的过程，即使是颠覆式的创新，也是基于一系列持续的改进和提升后的一种爆发。近期，李开复参观了谷歌的机器人实验室，他回忆起二十多年前波士顿动力公司（Boston Dynamics）的创始人马克·莱伯特（Marc Raibert）最初开发的机器人只是一个会单脚跳、用棍子轻轻一碰就会倒的机器人。经过数十年无数次地迭代，现在已经变成了一个怎么踹都不会倒的机器狗和机器人。这个故事可以经典地体现创新的过程，创新是一个漫长的历程，需要创新者具备坚定的信念和持续坚持的定力才可能实现。

自变领导者的创新行为

在《创新者的基因》一书中，包括克里斯坦森在内的三位作者有效定义了创新的领导者的一系列关键行为。作者还非常清晰地指明了创新是一种行为习惯。我试着将书中描述的创新者的基因按照能力行为的状态来再次表述。而希望成为创新者的读者就可以看到一个能够引领业务成功的自变领导者的创新行为模式都应该会包括哪些优秀的行为和习惯。

1. 创新的能力之一：连接（《创新者的基因》一书中的用词为“联系”）

- 能够将看似不相关的事物联系起来进行思考，发现它们之间的内在关联；
- 眼观大局，但可以把握细节，能够同时驾驭宏观与微观，并能发现其中的联系；
- 有收集想法的习惯，习惯于将自己的想法累积并连接，如同搭积木一样，并能促进新的创意组合的产生；
- 爱好广泛，兴趣多元，对于世界发展的前沿知识充满求知欲，不断学习和拓展与专业领域相关的各种外延知识，同时又能在自己的专业内不断钻研，成为专家型人才（是典型的 T 型人才[①]）；
- 运用多种思考方法（如 SCAMPER 思考法：substitute 取代，combine 组合，adapt 借用；magnify 放大；minimize 缩小；modify 修改；put to other uses 一物多用；eliminate 删减；reverse 倒转 /re-arrange 重新安排），着眼价值点，解决创新的难题。

---

① T型人才是按知识结构区分出来的一种新型人才类型，用字母“T”来表示他们的知识结构特点，“—”表示有广博的知识面，“|”表示知识的深度。

2. 创新的能力之二：发问

- 不局限于对事物表面现象的了解，相信我们对于世界的认知永远是不完美的和不全面的；
- 不满足于现有的对于问题的解答，持续探究事物背后的规律和原因；
- 不满足于现有解决方案，敢于提出挑战现状的问题；
- 可以清晰描述面临的挑战，然后将这些挑战转化为有效的问题，可以不断完善自己的描述，在行动中积极地追寻更佳的答案；
- 对于新的想法和方案能够提出各种假设，并思考可能产生的后果，不断搜集具有潜在变革和突破局限的新的解决方案。

3. 创新的能力之三：观察

- 定期外出接触客户，观察用户体验，了解客户的心理，分析他们的需求；
- 观察不同行业的组织，研究其策略、运营和产品，并寻求借鉴之处；
- 运用各种工具及时记录观察所得，定期回顾自己的想法，并且思考这些想法对产生新的策略和产品的作用；

- 调动所有感官去观察（视觉、嗅觉、听觉、触觉和味觉等感官要全部动用起来），仔细体会你的所见所闻、所思所感。

4. 创新的能力之四：交际

- 认识与创新想法密切关联的利益相关人，通过拜访保持与他们的沟通和联系；
- 利用不同的交际方式或场合（如“用餐交际”、参加专业或行业会议），定期与利益相关人交流思想和观点；
- 和朋友、家人、业务伙伴定期交流，讨论潮流和新想法；
- 请不同背景的、思维敏锐的人对自己的创意发表看法，邀请他们提出挑战和问题；
- 定期参加行业专家的业务活动（如培训、会议等），了解他们的工作和前沿思想。

5. 创新的能力之五：实验

- 定期参加跨界的体验和活动，获得新的感悟和见解；
- 通过阅读或者培训等方式，有意识进行跨界思考，了解其他领域的知识，尝试新兴潮流，发现行业趋势；

- 通过培训或轮岗等方式，创造机会培养自己的新技能，从而获得更多的视角；
- 有了创新的想法，会马上行动，充分试验你的各种新奇想法；
- 不会因为失败和挫折而停止尝试创新的想法，而是从中快速学习和更新自我创新的具体做法。

上述二十四条行为涵盖了具备创新意识的领导者的普遍行为，有兴趣的读者可以以此为参照，来看看这些行为有哪些已经具备，有哪些还没有具备，并可以由此而拓展自己的创新的行为状态。

如何将自己发展成具备创新能力的自变领导者

具备创新精神和创新能力的自变领导者是时代之需。如果你希望成为一个创新的自变领导者，综合上述内容，我们可以总结出一个创新的自变领导者的自我发展的关键步骤：

第一步，创新者首先需要建立一种愿意改变这个世界的信念。

从很多自变领导者的成长经历来看，自变领导者都相信自己可以改变世界，可以创新，并愿意尝试不断创新和承受相应的失败。这样的信念不是一朝一夕就可以建立的，可能是在一种不断成功和失败的往复中逐渐得以强化的。再具体一些，“改变世界”的理念应该是一个创新者的核心价值观。只有这样，你的行动才会体现出相应的创新模式和特征，并带给你足够的创新动力。

第二步，创新者会不断理解和认知世界。

能够达到“自变意识”的领导者对于世界、商业运行的规律、消费者和客户的心理、自我的认知等诸多层面都会有更加深刻的理解和认知，至少他们都在追求一种对于这个世界的深度认知的过程体验。旺盛的求知欲和学习能力会让他们不断加深对世界的客观认知。而对世界的客观认知是产生创新想法的前提条件，创新的结果就是改造这个世界的结果。

第三步，创新者会逐渐培养优秀的创新行为和习惯。

创新领导者有很多优秀的行为和习惯，如果你有兴趣，可以参照上面的《创新者的基因》一书中的关键行为模式来自我检查，如果你发现自己可以具备60%以上的相关行为，你离一个创新的领导者已经不会太遥远了。

第四步，创新者会通过成功的创新铸造创新能力。

我们需要承认的是，并不是每一个创新都能获得商业的成功和公众的认可。因此，创新的状态需要被看作一种生活状态。

未来的世界需要更多的创新者来引领，未来的梦想也需要更多有创新认知的人来实现。只要坚持，创新者就能够在不同的领域内创造相应的创新状态，而这样的创新者的成功必将能够推动我们的组织、我们的社会和整个世界向前发展。

自变领导力之管理不确定性

是以君子将有为也，将有行也，问焉而以言。其受命也如响，无有远近幽深，遂知来物。非天下之至精，其熟能与于此……易，无思也，无为也，寂然不动，感而遂通天下之故。非天下之至神，其孰能与于此。

——《周易·系辞上》

在前面的章节，我们谈到自变领导者具备预测未来、创新等卓越的领导能力。而这些能力的基础则是“管理不确定性”的能力。人类的认知在不断延展，但不管如何发展，我们所面对的未知领域永远无边无际。未知的状态在和人类的认知交汇中，产生出动荡的（Volatile）、不可预测的（Unpredictable）、复杂的（Complex）和不确定（Ambiguous）的特征，就是我们所谈到的 VUCA 的未知领域和环境。而卓越的领导者恰恰可以帮助人们在心理层面和行动层面应对这样的未知状态。我们将这样的能力称为领导者“管理不确定性”的能力。

我们面对不确定性的障碍

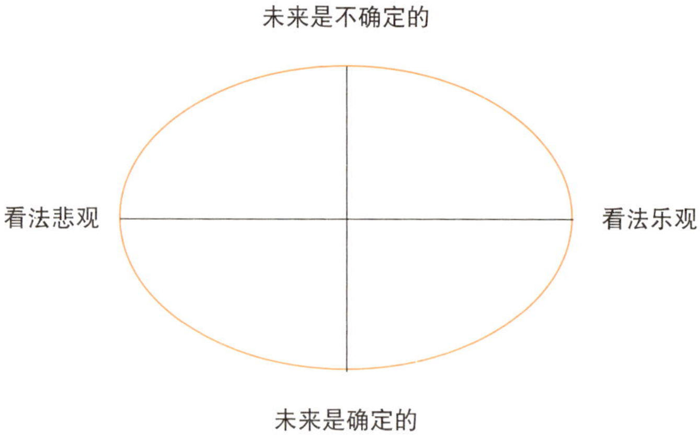

图 2-6　不确定性示意图

人类一直在和不确定性作斗争以及适应和习惯不确定性。图 2-6 可以看出，不确定性分为乐观的不确定性和悲观的不确定性。在过去的三十年里，中国人都经历了一种“乐观的不确定性”的体验，虽然中国经济也有波动和动荡，但总体而言保持在高位增长的状态。人们对经济的判断也是充满乐观的。

大部分人会认为未来的经济会更好，我们明天的生活水平会好于现在。而悲观或者消极的不确定性也随处可见，如自然灾害。不管是积极乐观还是消极悲观，不确定性总会带给人们心理上的冲击。人类的发展在心理层面形成了一种对未来不确定因素的排斥和恐惧。也让我们面对不确定性时总是有很多无形的压力存在。

对未知和不确定性的恐惧

对于人类头脑的研究已经表明，我们会本能地喜欢确定的模式，而抗拒不确定的状态。人类的发展可以被描述为一个不断将世界确定化的过程。和古代的人类相比，现在的人类的生存环境不再动荡或者随时充满了风险。因此，我们会感觉到安全、稳定和舒适。也许恰恰是这样的状态，让我们对于不确定性更加敏感，更容易受到伤害。我们会担心宏观经济的走势、股市的起落或者某些国家或者地区的动乱和不稳定事件的发生；我们也会担心天气、航班的准点、和同事的关系、任务的按时达成或者业务的进展等。对不确定性的恐惧似乎是我们内心挥之不去的阴影。而这在很大程度上变成了一种明显的障碍，我们会不喜欢不确定因素，拒绝探索或者对不确定因素采取视而不见的态度。

1. 已有知识经验的束缚

人类的发展已进入专业知识的时代，我们的周围充斥着各种各样的知识、理论和见解。利用知识 / 技术来解决现实中的问题会带给我们确定的感觉。如我们可以将太阳能转变为电能，制造出靠电驱动的汽车等。这些知识技术的发展让我们享受到了知识和技术带给我们的充分便利。这样的习惯，让我们相信知识就是力量，而人类拥有知识的惯性有可能导致我们希望用现有的知识来解决未知的问题（就是用“技术性的手段”来解决“自适应性”的问题）。在这种情况下，知识往往会演变成我们探索未知和应对不确定性的障碍。

在《未知：将不确定性转化为机会》一书中，作者提到了两个明显的例子，一个是在对艾滋病的治疗中，科学界的主体思路是发展疫苗。当大家的思维被局限在发展疫苗的角度时，可能根本就不去寻找那些非疫苗的有效的治疗方法。另外一个例子是 2008 年的美国次贷危机，在好莱坞电影《大空头》中，可以看到美国证监会的高级官员、众多的经济学家和投资专家在次贷危机爆发前对于经济的运行都充满信心，甚至无视发生在经济最根本层面的房贷信用的泛滥。而很多人也相信专家的观点甚至迷信知识代表的力量，最终，一个系统性的经济崩溃还是发生了。

2. 意识形态的固化

当人类的认知汇集后，就会形成意识的固化形态，如信仰、理论体系和知识体系。意识形态是人们对世界认知确定化的表现，意识形态是相对固化的，它会支配人的日常思维和行动。如果一个人相信地球是平的，让其改变相信地球其实是圆的，可能非常困难。又如，如果一个人相信这个世界有上帝，让其改变相信世界没有上帝似乎是不可能的；反之亦然。显然，思维和意识形态的固化一方面可以帮助我们抵御不确定性带来的挑战和威胁，反过来，这样的状态非常有可能阻碍我们对于未知领域的探索。

自变领导者如何管理不确定性

当我们了解了“不确定性”以及为什么人们会害怕“不确定性”时，我们也看到了在我们的世界中，有一些杰出的领导者，恰恰表达出对于“不确定性”的适应性和能够有效管理“不确定性”的杰出能力。总结一下，这样的领导者表达出的“管理不确定性”的状态有如下具体体现：

1. 自变领导者能努力探索和迎接不确定因素

很多自变领导者敢于探索和迎接不确定因素。从任正非的很多讲话中，就能感觉到他对总体经济环境和行业发展的不确定因素的思考。电信行业发展快、波动大的特点让任正非持续地思考应对的策略，他提出让华为“深淘滩，低作堰”，就是要确保增强核心竞争力的投入，并节制对利润的贪欲；“坚持力出一孔，要集中优势资源投入在主航道，敢于去争取更大的机会和拉开更大的差距”等，都体现了他对于未来不确定的市场的确定看法。我们从华为现在的成功中可以看到这种坚持和对不确定性的适应能力的巨大效能。

2. 自变领导者敢于打破知识、理念、身份的束缚

在认清知识和专业力量的同时，我们也需要意识到知识、理念和由此形成的身份认知都有可能成为对未来不确定世界的认知障碍。与之相对，具备管理不确定性的自变领导者恰恰可以摆脱固有知识、理念和身份对自己的束缚，这样的人能够表现出敏捷和灵活的思维模式,也能够快速适应多变的环境要求。

几年前，我和人人网的高层管理团队实施了一项领导力发展项目。在项目结尾，我和我的顾问团队去和人人网的创始人陈一舟见面，分享我们的人才评估结果。陈一舟一直以灵活多变闻名。在汇报中，他突然对我们的性格测评工具表达出浓厚的兴趣，表达了他也希望开发类似的工具，并开始考虑市场的潜力和接受程度。这让我感到特别意外，因为陈一舟是 IT 行业的专业人士，也是成功的企业家，而他却表达了对一个组织心理学的专业工具的浓厚兴趣。从这个故事中，我们可以看到一个具备“自变”模式的陈一舟，他不会被自己的专业知识、身份束缚，随时准备探索未知的领域。

3. 发展负面能力（沉默、忍耐、怀疑和谦卑）

在《未知》一书中，作者提到了济慈对于莎士比亚的“消极能力”的钦佩，他描述莎士比亚具备“乐于面对不确定性、神秘、疑问，并不急于追求事实和原因”的状态。作者认为与知识、技能和胜任力这些“正面能力”对应的是一种体现出“沉默、忍耐、怀疑和谦卑”的“负面能力”。而英国的学者罗伯特·费伦茨和彼得·辛普森认为“公司的领导人应该面对当下的未知领域并开发创造性思维，以至到达自己的无知的边缘，从而建立和保持自己的竞争优势，并确保公司在激烈的竞争和市场作用力的影响下能够蓬勃发展，而客户的需求也能得到满足”。

自变领导者，可以将自己推到无知的边缘，会衍生出沉默和谦卑的状态。

若干年前，李宁公司面临重大的业务亏损，公司大量裁员，管理层也作了大的变动，李宁也回归公司参与管理。从媒体的报道中，看不到李宁的任何情绪，他没有慷慨激昂地激励员工、也没有流露出任何的负面情绪。犹记早年他兵败汉城时沉默地离开的背影，也可能就是年轻时的荣耀和失败让李宁成为一个淡定且谦逊的人。我也很高兴看到经过几年的努力后，李宁公司的业务现在正在回升。

而这样的“负面能力”也和柯林斯在2001年首次提出的第五级领导力概念（Level 5 Leadership）是高度吻合的，其理论认为第五级领导是谦逊的个性（Personal Humility）与强烈的专业意志（Professional Will）的矛盾混合。他们是顽固的、无情的，然而，他们又是谦逊的。他们对自己的公司充满热情，雄心勃勃，但是又绝不允许丝毫个人的自负成为公司发展的桎梏。总结起来，具备“管理不确定性”的自变领导者如同水一样，他们柔软而坚定，低调而谦逊，能因势利导，会根据环境而改变，或为水滴，或为河流，也可以变成大海和坚冰。正如《道德经》中所言：“上善若水，水善利万物而不争，处众人之所恶，故几于道。”

自变领导力之定力

人生的磨难是很多的，所以我们不可对于每一件轻微的伤害都过于敏感。在生活磨难面前，精神上的坚强和无动于衷是我们抵抗罪恶和人生意外的最好武器。

——约翰·洛克

压力不同，抗压力状态自然也不同

在写本章节的时候，美国选出了第 45 届总统。出乎大家预料的是，特朗普最终超越希拉里·克林顿当选。我们不能不感叹这个世界的多变和无常，因为大部分民调都预测希拉里·克林顿能够胜出，结果胜出的却是特朗普（一个从来没有从政经验的成功商人）。

特朗普的过去，也不是一帆风顺。据说他曾经六次破产，但他每次却可以重新起航，成为一名成功的企业家。在选举中，由于他的言论，很多人都直接谴责和否定特朗普。但他似乎不为所动，最终还意外地当选了美国总统。

让我真正感兴趣就是特朗普的定力，他遭遇了多次破产，在众多的否定中，还坚定地走下去，并没有被打垮。为什么有些人可以承受很大的失败和挫折，并从失败中反弹和恢复，再次成功？而大多数人，却在压力面前无法承受，最后选择放弃，承认失败，甚至被压力击垮呢？

其实，我们面对的压力的等级、处理模式的不同，导致了不同的人生表现。在下面一张表格中，我总结了两种不同的压力状态（如表 2-8 所示）。

表 2-8　两种不同的压力状态

压力级别	压力来源	抗压力类型	抗压力表现方式	代表动物	代表人物
第一级压力 慢性持续的压力	持续，琐碎，日常，枯燥，慢性	抗压力（坚韧）	直接承担，与环境直接对抗	全球气候变暖中的北极熊	长时间体力和智力付出的人
第二级压力 突发猛烈的压力	突然，剧烈，影响大，破坏力强，形成足够冲击	恢复力（反脆弱）	面对环境可以恢复、调整、再生	传说中的九头蛇、涅槃的凤凰	经历突然失败和打击的企业家和政治家（乔布斯、李宁、邓亚萍、特朗普）

第一级压力

这种压力状态是我们日常生活和工作中经常遇到的压力，可以将这种压力命名为“慢性的持续的压力”，如长时间单调的工作、繁杂的工作和生活事务、上下班的持续交通阻塞、和某个同事的持续心理冲突、家庭的经常性的感情纠纷等。对于“慢性的持续的压力”，人们本能地会展现出一定的抗压力。这样的抗压力具有坚韧的特征，它通过直接承担和对抗来抵御和对抗面临的压力。有些人会承担长时间高负荷的工作，而且是自己不喜欢的工作。当然，很多人没有这样的坚韧性，就会选择逃避和放弃。

需要意识到，当我们展现坚韧的同时，压力也会伤害到我们自身，让我们承受物理或心理方面的损伤。20 世纪后期日本人因为工作压力大，常常出现“过劳死”的状况，这甚至一度成为一种普遍现象而被大家关注。人本身有脆弱性，当压力大到一定程度，就会崩溃。

当然，有时候这样的压力并不来自外界，而来源于我们的认知和意识。正如王小波所说：“人的一切痛苦，本质上都是对自己的无能的愤怒。”推演一下，“人的一切压力，本质上都是对自己无能的感知”。而这样的无能为力的感知包括了希望控制自己、他人和周边环境的欲望以及相应衍生出的无能为力的感觉。

第二级别压力

这种压力和第一级别压力有所不同，它往往呈现出急性、突发和猛烈的压力特征，我们可以将这样的压力定名为“突发而且猛烈的压力”。

面对“突发而且猛烈的压力”，应对的模式只能是接受和顺应，但也有一些人会在压力的冲击后展现出很强的恢复力。纳西姆·塔勒布在他的著作《反脆弱》中将这样的能力定义为“反脆弱”（anti-fragile）的能力。与坚韧类的抵抗压力的状态不同，“反脆弱”的状态如同希腊传说中的九头怪蛇一样，每次砍掉它的一个头，它会再长出来两个头。同样，在中国，郭沫若创造了凤凰涅槃的传说，这是一种死而复生的状态，也足见其反脆弱的特征。

一个非常显著的例子就是李宁。作为一名 20 世纪杰出的世界级运动员，他在退役后创立了李宁公司。大家都知道他在运动员的职业道路上经历了多次失败和考验，而这也恰巧练就了他沉着冷静的特质。他在失败面前不气馁、不沮丧，而是想尽一切办法再次努力出发，再创成功。

具备“反脆弱”特质的人都有一种状态，面对失败和打击，他们不会退缩，不会被打倒，而是再次努力，从失败中汲取力量，最终取得更大的成功。

正如尼采所说："杀不死我的，只会让我更坚强。"具备"反脆弱"特质的人大都会在压力的状态下成长，并经历很多大大小小的失败，但他们同时也有成功的体验，这种"失败—恢复—成功"的循环强化了他们在失败后恢复的能力和决心。

坚韧和反脆弱之上的定力

当一个人具备坚韧和反脆弱性后，随着个人的成长和认知的延展，有一些人可能会再上一层楼，达到具备"定力"的状态（如表 2-9 所示）。

表 2-9 "定力"状态的特征

抗压力类型	压力来源	抗压力表现方式	代表动物	代表人物
抗压力（坚韧）	持续，琐碎，日常，枯燥，慢性	直接承担，与环境直接对抗	全球气候变暖中的北极熊	长时间体力和智力付出的人
恢复力（反脆弱）	突然，剧烈，影响大，破坏力强，形成足够冲击	面对环境可以恢复、调整、再生	传说中的九头蛇、涅槃的凤凰	经历业务失败的企业家、投资者（乔布斯、李宁、邓亚萍、特朗普）

续表

抗压力类型	压力来源	抗压力表现方式	代表动物	代表人物
定力（超越）	包括上面的各种压力，冲击和破坏	超越压力环境，专注目标和达成，智慧导向		有悟性且精神成功的人（巴菲特、弘一法师）

具备定力的人肯定是坚韧的和反脆弱的，一定实现了某种程度上的头脑认知超越。有定力的人能识别更广阔的世界状态，对于不确定性有更深的理解。对于日常的压力和突如其来的“黑天鹅”事件的冲击，都可以泰然应对。他们知道事物的发展有起伏的规律，有成败的可能。因此，他们可以泰然处之，不随波逐流，不盲从冒进。

巴菲特显然是一个有“定力”的投资家。在1968年，他敢于在美国股市一路高涨的情况下，清退和解散自己的基金。结果股市在1969年大跌。当2008年美国金融危机袭来的时候，很多人都很恐慌，而他却敢于入股高盛和继续买入，承担直接的账面损失。他长期持有可口可乐、国际商业机器公司（IBM）、宝洁公司的股票，即使这些股票会随时发生波动，他也会泰然处之。

任何人都可以尝试发展自己的“定力”，有“定力”的人有以下几个特点：

第一，专注目标。有定力的人会确认自己的人生目标，通过实现这些目标，会有成功、提升和超越之感。

第二，超越欲求。有定力的人往往可以超越个人的欲求。他们可以做到不受个人私欲的驱动，不受别人想法的影响，不被意识形态蛊惑，更加专注于实现自我目标的模式中。

第三，控制情绪。有定力的人，具备更高级别的抗压能力，虽然他们也会有各种负面情绪的感知，但有定力的人往往会控制这些情绪，不会让这些情绪轻易表达出来。因此，有定力的人总体表现出沉稳、冷静的状态。

第四，在压力中锻炼。如果一个人希望具备抵御压力的能力，首先就需要将自己置身于压力中。对于慢性而持续的压力，一方面敢于承担，另一方面也可以找到方法释放、解压。对于猛烈而突然的压力，我们需要作好准备，并敢于总结失败原因，及时调整和成长。

第五，快速恢复。有定力的人当然具备坚韧和反脆弱的特质，他们的抗压力和复原力都很强。他们不会认为一次的失败和挫折就是最后的结果，反而，他们比较愿意去考虑失败的原因，并且不断尝试从失败中再次站起来，重新出发。

自变领导力之变革力

计利当计天下利，求名应求万世名。

——于右任

“自变领导者”是具备“自变意识”（Self-Transforming Mind）的领导者。自变的头脑可以超越自我身份、意识形态和信仰的束缚，辩证地认知世界。因此，自变的领导者往往可以推动其领导的企业和组织进入突破性的变革状态。如商业领袖乔布斯、马斯克、任正非、张瑞敏，都是典型的自变领导者。他们的共同点就是可以在所领导的企业和组织中有效发起和推动变革，开创全新的局面。

因此，下文我们来探讨“自变领导者”的变革力量的来源、成功要素和具体表现。

自变领导者的变革力来源

1. 自变领导者可以突破自我的限制和外部的阻力

自变领导者的头脑基于自变状态可以焕发出足够强大的变革的意愿和变革的动能。这些意愿和动能可以支持自变领导者克服内在和外部的阻力。

一般来说，变革的阻力往往来源于个人的恐惧、对环境的不适应或者害怕失去的状态。如张瑞敏在海尔还很成功的阶段启动了组织结构的巨大变革，很多管理者失去了确定的地位和收入，可以想象在组织内部肯定有很大的阻力。然而成功的企业和组织变革领导者思考的角度往往会超越个人、组织的利益考虑，他们可以站在更加高远和全局的角度思考变革的要求。

2. 自变领导者推进变革往往会“想人所不敢想”

由于自变领导者能够首先突破自身的观念、价值观、意识形态等的束缚，他们带给大众的感觉往往是“想人所不敢想”。我们还对于乔布斯领导的苹果公司首次推出 iPhone 时的震撼记忆犹新（很多人没有想过手机还可以演变成这个样子）。最近十年，马斯克不仅仅推出了特斯拉电动汽车，还创建了首个民间发射火箭的公司 SpaceX。该公司的未来计划是将人类送往火星居住。在我们的观念中，发射火箭一定是一种国家行为，马斯克证明了一家创业型的企业也可以做到。虽然我们对于科幻的火星冒险已经耳熟能详，但敢于将这样的幻想变为事实可以说是一种巨大的变革，而这样的变革肯定会给人类带来完全不同的图景。

因此，变革无疑首先始于“自变领导者”的思想突破，这些突破是很多人不敢于想象的。

变革的内涵——突破自身的思维免疫系统

那为什么“自变领导者”可以达成思想的突破，而很多人却无法做到哪？从“头脑复杂度”角度，自变的头脑是领导者实现变革的前提基础。阻碍突破思维产生的束缚点恰恰是我们个人成长中逐渐形成的诸多观念、想法、意识和身份的认知。凯根认为，变革的阻力来源于我们的变革免疫系统的排斥。在《变革为什么这么难》（*Immunity to Change*）一书中，他详细阐述了人的思维系统大都具备如同我们身体的免疫系统一样的思维免疫系统，在新的想法进入我们头脑时，我们会本能得产生天然的免疫和排斥反应。我们每个人都有自身的思维免疫系统，这样的免疫系统会阻挠人们采纳那些有悖于自己内在的价值观、意识和惯常想法的行为。下表中我们用几位“自变领导者”的突破变革的状态来解释一下他们是如何突破自身免疫系统，带来巨大的变革效能的。

表 2-10　领导者突破自身免疫系统示例

自变领导者	人们头脑中的变革免疫系统	突破思维模式	由思维突破带来的具体变革
张瑞敏	成功的企业家和管理者的身份认知局限（本人带领海尔成长为世界级的成功企业）	每个人都可以成为企业家和管理者，未来的趋势不再是一个层级管理的时代（理念的突破）	去除中层，将业务分解为数千个业务单位
马斯克	对人类还未实现任务的极限的畏惧（民间组织无法用低成本实现原来由国家完成的使命）	SpaceX 低成本的发射和回收火箭（敢于尝试前人没有尝试的使命）	火箭发射变为更加便宜的状态，从而让人类走向其他星球变为更加可能的状态

自变领导者的变革成功要素

不是每一位自变领导者都可以带来成功的变革，自变领导者推动的变革之所以成功，有如下几个关键要素：

1. 绝对的权威

自变的领导者往往具备开展变革的决定权威。没有权威的领导者在推行变革时就会受制于人。而很多有绝对权威的人，由于没有提出突破性的变革方案，也不见得能取得有效的变革成果。因此，“自变”加“绝对的权威”才是启动和落实变革的最关键因素。我们提到的张瑞敏、马斯克等人，在他们领导的组织中无疑都具备决定性的权威，这让他们推出变革想法时比较容易推动、落实。

2. 更大和更广阔的视野（放弃自身既得利益，看重更大的命题）

自变领导者往往具备更广阔的视野。他们可以放弃自身的利益，并敢于超越内部和外部的反对声音和阻力。纳尔逊·曼德拉就是这样一个杰出的自变领导者。在被监禁 27 年后，他还可以和自己的敌人（南非的白人统治者）坐下来谈判，并最后放弃仇恨和敌对，推动多元化民族的和解和共同发展。如果没有更大的视野，不能放弃个人利益以及仇恨，是很难达成这样的突破的，也就无法带来本质的变革。

3. 变革的主题明确、简单、直接和聚焦，变革的成果容易被大众感受

自变领导者成功的另外一个要素就是他们往往可以以一种非常简单、明确的方式表达变革的要求和传递变革的含义。如果无法用简单的语言来形容自己的变革状态，那么相关的变革有可能并不会太成功。因为这些变革想法无法被大众所轻易接受和理解。如“戊戌变法”中，虽然整个变法有明确的理论和国际经验可以依托，但一方面没有获得掌权者（慈禧）的认可，另外一个方面也在于其变革主题在那个时代不能获得民众认知，不可能获得统治阶层的认同，最终以失败告终。

下表列出了一系列自变领导者在变革主题、变革的方法和变革的成果。

表 2-11　自主领导者变革成功的要素

自变领导者	变革事件	变革主题	变革方法	变革成果
曼德拉	废除种族隔离	民族和解	放弃仇恨，放弃敌对，分享权力	南非得以和平废除种族隔离并凝聚成国家意志
张瑞敏	去除中层	激活业务单位，成立更小的独立盈亏的事业体	试点后全面展开	更快反应客户需求，更多创新模式，去除企业规模变大带来的效率低下，缺乏创新等问题
乔布斯	回归苹果公司后推出 iMac 电脑	全新的有设计感的产品，带给公司起死回生的变革状态	用全新的产品设计赢得客户关注并提升业绩	实现了苹果公司的复兴

总之，自变领导者经历长时间的磨砺，提升了自身的头脑状态，让他们可以跳出自身局限，克服自身和外界的变革阻力，达成真正的变革效能。

有人会说，我可能并没有条件主导变革。也许是这样的，但我们可以通过提升头脑复杂度，更好地适应未来社会和组织的变革要求，同时培养自己的“变革自觉”，从而提升我们融入变革的能力。

自变领导力之发展他人

真正的领导者不创造跟随者，他们创造更多的领导者。

——汤姆·彼得斯

如果谈到最著名的发展他人的领导者，古今中外，首推的当然就是中国的孔子。孔子有三千弟子，七十二贤人，他用一生来践行发展他人的使命，是横贯古今的大思想家和大教育家。他的思想历经两千多年，还依然长盛不衰。很多人将孔子定义为一个老师，但他毕生追求的却是成为一名改造世界，建功立业的政治家与杰出的领导者。领导者培养更多的领导者，杰出的自变领导者的最高成就就是能够发展他人，让更多的人成为领导者。

领导者是否可能“发展他人”

我本人从事的是人才发展的工作，也经常接触各个层级的业务领导者。严格来讲，我碰到的具备“发展他人”能力的领导者可以说非常稀少。成为一个具备“发展他人”能力的领导者，显然需要具备几个基本的条件。这些条件虽然基本，但大部分的领导者都没有达到这样的状态：

1. 发展他人的领导者需要具备“成长型思维”的思维模式

斯坦福大学的教授德韦克提出了“成长型思维”的理论，相对一些人认为的“才能是一种天生就拥有或者缺失的素质”，也就是“固定型思维模式”，德韦克认为具备“成长型思维模式”的人更加愿意挑战，刻苦学习并不断发掘潜力，掌握新的技能。具备成长型思维模式的人不仅自己愿意学习成长，而且认同他人也可以逐渐成长。作为领导者，固定型思维的领导者喜欢外部招聘，而成长型思维的领导者喜欢内部选拔，而且他们更加愿意正面地评价员工，激励员工的成长。

“头脑复杂度”理论也认为人的智力水平并不是在成年后就稳定不变了，而是可以随着环境的历练逐渐继续发展。作为一个领导者，秉承“人是可以发展的”的观点，才有可能去发展他人。对于小学、中学和大学中的老师来说，发展学生是很显性的。一个人从童年到青年到成人的过程，在身体，心理和知识技能等多方面都呈现出显著的成长特征。因此，一个好的教师其实可以比较显性地看到自己学生的阶段性成长。但当一个人进入了成人状态，其个人的智力水平、知识技能水平和心智状态都会逐步趋于稳定，这对于组织中的领导者无疑是一大挑战。很多领导者都具备发展员工的良好愿望，但经过一段时间的努力，可能看不到明显的结果，就放弃了。因此，具备“成长型思维”应该是一个领导者成为“发展他人”领导者的前提条件。

2. 发展他人的领导者往往需要“长时间”担任一个固定的领导者的状态

如上所述，成年人的变化会比较缓慢，或者比较隐性。因此，一个能够“发展他人”的领导者也需要具备一个硬性条件，那就是有足够长的时间来担任一个稳定的领导岗位，或者作为一个组织的领导者，有长期致力于发展他人的努力。

财富 500 强中的 CEO 的平均任职时间大约为 6.9 年，而在五年内离职的 CEO 比例高达 69%。与之相对应的，大家都熟悉的美国通用电气公司（GE）的前 CEO 杰克 · 韦尔奇任职长达 20 年。在他任内，他致力于发展内部的不同层级的领导者，让 GE 成为一个培养领导者的大学校。在 1981 年，也就是杰克 · 韦尔奇担任 CEO 的次年，他的继任者杰夫 · 伊梅尔特才刚刚加入了 GE 公司的市场部，通过二十年的历练成长，最终成为 GE 新的 CEO。

十年树木，百年树人。可想而知，如果没有足够长的时间，领导者是没有可能真正发展他人的。一次，我们在为某家公司开展领导力发展项目，项目开始时得到了高层领导者的支持和认可，但项目结束一段时间后却听说这些领导者已经主动或者被动的离职了。这不能不让人感到遗憾，这就是现实中发展人才的一种主要挑战吧。

3. 具备“关心他人”和“利他”的价值观

在霍根的 MVPI 测评中，价值观中有一项指标叫“利他”（Altruistic）。具备利他精神的领导者显然更加容易在工作中将“发展他人”作为自己工作的一个重要部分。他们会更加愿意公开交流，帮助下属和员工，帮助员工发展事业，具备理想主义情怀。而我们发现的现象是很多商业的领导者在这个指标上得分都偏低，不够利他的领导者会更加关注业务和利润，但在发展他人方面往往会有障碍。

领导者如何“发展他人”

成为发展他人的领导者并不容易。成为优秀的能够发展他人的领导者，首先需要树立发展人、帮助人和利他的价值观，并投入时间，长期坚持。具体在落实发展他人的时候，也需要理解发展他人需要的手段和模式包括哪些。在与不同组织的领导者的互动中，最常见的一个误区是：很多领导者一想到发展他人首先想到的是培训，而且是委托别人（内部的培训部门和外部的培训机构）来培训。其实，培训只能是发展人才中的一部分工作，而委托他人去发展也是很多领导者的致命伤。

1. 领导者发展他人的三个级别

表 2-12 将头脑的复杂程度和能力作了关联，也说明了不同的头脑复杂程度可能会采用不同的学习模式。如果进一步延展，我给出了不同的“发展他人”的模式的判断。这些模式可以根据“社会化意识”“自主意识”和“自变意识”分为三个级别，显然这些模式的使用也会由易变难。

表 2-12　领导者发展他人的三个级别

意识三级别	能力状态	学习模式	发展他人方式
自变意识	自变领导力	批判和创新式学习（系统分析和理解不同知识体系并能批判，融合和创新，甚至创造新的知识）	教练 引导
自主意识	管理能力	应用和参与式学习（有效掌握、应用和实践知识体系，理论和知识体系的信仰者）	业务中的辅导 评价和反馈 示范

续表

意识三级别	能力状态	学习模式	发展他人方式
社会化意识	一般通用能力	被动接受式学习（被动接受、记忆和理解知识，受知识的影响但可能无法理解知识体系的来源、问题和局限以及和其他体系的关联）	讲授 知识解答

发展他人的第一个级别就是采用讲授和知识解答的方式展开的。成为讲师和培训师对于很多领导者来说有一定难度，但在具体的发展他人模式中，这其实是最容易掌握的一种。很多年轻的领导者就可以担任讲师，教授技法，讲授基本的工作技能。因此，具备一定经验的领导者实际都可以尝试成为讲师，系统得将自己的经验和技能传递给他人。

发展他人的第二个级别包括业务的辅导、评价和反馈和示范。这个层面需要领导者具备“自主”的头脑，理解组织的要求，并积极推动落实。这样的领导者原则性强，敢于主动出击，在业务开展中愿意通过示范、评估和反馈以及业务辅导的方式展开具体的发展员工的行动。

发展他人的第三个级别包括辅导和引导。这个层面需要领导者具备“自变”的头脑才易于展开。教练提供了一种更多以对方为主的发展模式。真正的教练能够达成进入对方的思维模式的状态，以引导对方思维的转变和突破。在这个级别，愿意发展他人的领导者会更加有耐心，更愿意引导而不是要求对方改变，也可以助其实现从技能和能力的提升到思维模式的改变。

GE 的杰克·韦尔奇（Jack Welch）是发展他人的领导者的楷模。在 GE 的 CEO 职业生涯中，他以持续的教授和辅导他的高级经理们而著称。人们统计过，杰克·韦尔奇在 GE 的领导力发展学院的课堂上出现过 250 次，亲自参与培训和发展了 15 000 名高管和经理人员。韦尔奇在业务辅导、教练等日常工作的发展活动中会投入更多的精力和时间。我们可以从他的自传中看到他在这个层面投入的状态。

与杰克·韦尔奇发展人才的能力形成鲜明对照的是乔布斯。乔布斯在行业洞察、创新和引领变革层面为世人称道，但却很少见到他发展他人的成功故事。具体分析起来，这可能也和他的个人成长经历有很大关系。他从小在养父母家中长大，读大学后又选择辍学，在创立苹果公司后又被董事会驱逐，这些经历可能都会阻碍他成为一个愿意发展他人的领导者。

综合这些分析，我们实际上可以勾勒出一种未来的具备“发展他人”能力的领导者的画像，这样的领导者应该具备如下的特征：

- “利他”——愿意发展他人，帮助他人成长，具备利他的品质；

- “成长思维”——个人在自我的成长和发展中有受益的经验，能够感知到自己的个人发展的轨迹，秉承发展型思维；
- “亲力亲为”——不将“发展他人”视为可以授权的任务，愿意亲力亲为；
- “具备多种发展技能”——能够通过讲授、分享经验、给予工作反馈、教练等多种方式全方位展开发展他人的活动；
- “长期坚持”——将发展人才作为组织的核心业务目标看待，并长期坚持。

2. 领导者需要致力于创建“专注于发展的组织（DDOs）”

罗伯特·凯根教授在《人人文化：缔造致力于发展的组织》一书中研究了若干个以发展为根本组织目标的组织，他称这些组织为“专注于发展的组织”（DDOs）。专注于发展的组织会将员工成长和发展融入到日常工作中，这样的组织会常态化地关注员工个人的成长。在这样的组织中，大家更加专注于不断自我完善和成长，而不是回避问题，避免冲突，隐藏自己的缺陷，给别人营造良好印象。在这样的“专注于发展的组织”中，你不会再将发展等同于一次培训、一个高潜力发展项目或者一个教练活动，而是让组织变成现实的课堂，让日常业务和运营变成课程的内容。这样的组织可以让员工将工作和生活有机结合，而不是仅仅达成生活和工作的某种平衡而已。

这样的组织让人憧憬和向往，但实现起来并不容易。这需要更多的可以“发展他人”的领导者在组织内部起到关键的引领作用，创造日常的学习和成长平台，践行发展的活动，实现更加强大的“专注于发展的组织”。

自变领导力之正道力

只有通过绝望，通过苦难，通过痛苦和无尽的磨练，才能达至信仰。信仰不是非理性的、伤感的、情绪化的、自生自发的。信仰是经历严肃的思考和学习、严格的训练、完全的清醒和节制、谦卑、将自我服从于一个更高的绝对意愿的结果。每个人都可能获得信仰。

——彼得·德鲁克

领导者要“做正确的事情”

管理学大师彼得·德鲁克说过一句关于领导力的名言——管理是把事情做对，而领导力是做正确的事情。“做正确的事情”是领导力的一个核心原则，是领导者之所以优秀的基石。但说到什么是“做正确的事情”，大家的认知可能就不一致了。

如大家普遍关注的美国现任总统特朗普，作为美国的最高国家领导人，他的所作所为是正确的吗？很多人可能会给出否定的回答，但他又的确受到了很多美国人的支持，从而当选为总统，并落实了一系列他选举时作出的承诺。特朗普当政100天时，我看到白宫发文赞扬了他的政绩，但也有很多美国媒体不认账。这些都关乎特朗普是否“做了正确的事情”。不仅仅是政治的领导者，很多商业的领导者也一样矛盾。比如说马云，很多人敬佩他白手起家，创业成功。阿里巴巴已经是世界级的互联网企业，很多人因此而受惠。但还是有一些人指责他的一些企业行为没有达到应有的道德标准，如淘宝上有很多假冒品牌的产品。

看起来“做正确的事情”并不见得那么容易界定。在“做正确的事情”这个问题上，人类的世界充满了悖论和矛盾。“正确”可以由不同人的不同观点来界定，“正确”也由于时间和空间会发生本质的变化。好像我们并没有一个绝对的标准可以作为依据，但当我们看到佛教中的“八正道”概念，就会发现，“八正道”的概念的确给领导者树立了一个系统的“做正确的事情”的标准体系。

佛法中的“八正道”理念

首先需要说明的是我并不是佛教徒，对于佛教没有达到信仰的程度。其实，佛教除了是一种宗教以外，“它也是一种哲学、一种心理学和一种伦理学。它提供了关于现实的一种特定信仰体系（哲学），关于人类思想和行为的一种理论（心理学），以及对于合理行为的一整套建议（伦理学）”。

近百年来，很多学者，包括荣格、弗洛伊德、彼得·圣吉、卡巴金等，都在不同的领域和时间展开过对佛学的探索，并从中获得启发以及理论发展的必要支撑。例如，“八正道”中的“正念”已经成为西方非常流行的概念，被广泛用于心理治疗和临床治疗。正念是“八正道”中的关键概念，但离开其他七个关键的步骤和方法，正念可能就只能局限于心理锻炼了。事实上，“八正道”提供了一整套思想和行为的理论和建议。通过“八正道”，我们可以轻松地界定“做正确的事情”的领导者的真实含义，也可以理解为优秀的领导者应该具备的理念、处事方法和行为模式。在佛教中，“八正道”指明了离苦得乐的八个步骤，帮助人们实现极喜和大乐。能做到“八正道”的领导者肯定也可以达成一种精神的升华，惠及他人，并能够帮助自己和其他人取得极大的成功。

“八正道”的含义

作为“做正确的事情”的领导者，佛陀指明的八正道给出了很好的体系说明。八正道分为“戒”（规范）、“定”（行为）、“慧”（思维）三个层面。在“戒”（规范）的层面，要求人们做到正语、正业、正命；而在“定”（行为）的层面，要求人们做到正精进、正念、正定。在“戒”和“定”的基础上，人们可以达成“慧”（思维）的程度，其中包括正见和正思维（如图 2–7 所示）。

慧
7. 正见
8. 正思维

定
4. 正精进
5. 正念
6. 正定

戒
1. 正语
2. 正业
3. 正命

图 2–7 八正道示意图

要具化“八正道”的含义，结合德宝法师的《八正道》一书，下面根据我自己的理解作了世俗化的解释。可以肯定的是，大部分的领导者并不信仰佛教，但这些概念却可以界定那些“做正确的事情”的领导者应有的思想和行为范畴。

正语：用真实的、和善的和有益的话语交流。不妄语（说实话）、两舌（不作恶意的谈话）和绮语（避免闲谈）。

正业：做有道德的行为，在佛教中，指的是五戒。

正命：我们谋生的手段不应该妨碍心灵的成长。不从事对自己和他人有害或者不道德的工作。

正精进：不断调整生活状态以帮助自己维持善念，防止和断除那些内心不善的念头，包括贪欲、憎恨、愤怒、厌恶、悔恨、困惑和蒙昧无知。

正念：活在当下，内心达到准确、敏锐、平衡和不乱。做到念兹在兹，念念分明。

正定：让心达到安定、平静和专注，达到能够深度观察真理所需的心理强度。由定可以生慧。

正见：对世界的认知达到正确的层面，理解世间运行的方式。

正思维：展现帮助他人的、给予的和慈悲的心态和行动。

显然，用八正道来要求世俗社会的领导者会是很高的标准。但现实中非常多的领导者充满了内心的矛盾和挣扎，也时时需要面对外界的压力和纷扰。很多领导者没有成功的原因，恰恰是因为没有遵循正确的规范、做出正确的行为，在思维的层面一直停留在贪欲和愤怒的精神状态中，没有实现认知和思维的升华。

著名心理学教授曼弗雷德在他的《正念领导力教练》一书中，谈到了一个喂狼的故事："有位年老的印第安人给孙子讲了一个喂狼的故事。他说：'这是两只狼之间的战争。其中一只是恶的，表现为愤怒、嫉妒、痛苦、悔恨、贪婪、自大、自怜、厌恶、自卑、谎言、虚荣以及优越感，这就是自我意识；另外一只狼是善的，表现为快乐、和平、爱、希望、平静、谦逊、善良、仁慈、同情、大方、真理、怜悯以及信念，这就是精神意志。'孙子听完，想了想，问道：'爷爷，那哪只狼赢了呢？'爷爷回答道：'你喂养的那只。'"

"八正道"给人们指明了一种实现快乐的道路，让人们去"喂养那只善的狼"，从而实现最终的快乐和成功。

而一切现实中的领导者面临的矛盾和痛苦，包括他们外在经受的磨难，很多还是来源于内在的贪婪、虚荣、自大、痴迷等因素。因此，在没有"正道"的状态下，领导者很有可能会迷失。这样的例子在现实中举不胜举。

八正道的迷失

1. 正业和正命的迷失

在现实社会中，一些行业，如赌博、游戏等，严格来讲并不能算“正命”的行业。虽然在很多国家，这些行业是合法的，但从利于他人心灵成长的角度，显然这些行业并没有达成“正”的标准。很多公司从游戏行业中取得了巨大的商业利润，但却以妨碍甚至破坏很多青少年的健康成长为代价。盛大网络集团的陈天桥就是因为游戏业务一度成为中国的首富，但后来，基于人生的思考和心灵的成长，他放弃了这些业务，并转向有益于人类的慈善事业。这不能不说是一种“正业”和“正命”的回归。

2. 正念和正定的迷失

如果领导者不能做到正念，往往会不断被欲望驱使，不停地开拓新业务，争取利润，结果导致诸多危机的局面。发生在2001年的美国安然公司倒闭危机就是一个典型的缺乏正念和正确行为模式的案例。当时安然的领导者明明知道公司的债务欺骗行为，还依然通过合伙公司隐瞒债务，鼓吹公司的业绩，让投资者和股民最后损失惨重。安然公司的管理层，包括董事会和公司高级管理人员都被指控疏于职守、虚报账目、误导投资人和牟取私利。最终有些人受到了法律的制裁。中国有很多处于行业前沿的公司，也面临种种诱惑和利益的驱动，不断希望做多和做大，但却不择手段，有时结果也不尽人意，甚至导致业务的崩溃。这些都是领导者缺乏正念而导致的后果。

3. 正语的迷失

正语的要求看似简单，其实不然。由于社会竞争和自身欲望的驱使，很多人做不到“正语”。现实中很多人容易狂妄自大，甚至恶意中伤他人，都是正语的反面状态。曾国藩一生都在“戒多言”，他认为：“每日言语之失，真是鬼蜮情状！”也经常要求自己“恶言不出于口，忿言不反于身”。但曾国藩并不是年轻时就已经能够达成这样的状态，而是经过不断反思自己多言的坏处，逐渐修为而成的。一个有效的领导者应该具备正语的状态，那就是他的语言应该是有益的、真实的和和善的。

八正道可以成为未来领导力的鲜明特色

不难看出，以“八正道”为标准，来提升领导者的状态，会带来多方面的益处。毫无疑问，能够践行“八正道”的领导者一定是做正确事情的领导者。而且，这样的领导者会逐渐由定生慧，达成内心的平衡和快乐。同时也会通过正见获得对于世界更加清晰的认知。

中国优秀的企业领导者，如张瑞敏、李宁等，在一定层面上都应该是具备“八正道”精神的优秀领导者和企业家。他们从事的业务端正，在媒体中没有那些容易刺激人们情绪的语言表达，行为也中正平和，同时，在企业管理方面又能不断创新和进取，在困难面前尽显定力，对企业和对社会都有非常良性的影响。

“正念减压疗法”的创始人卡巴金博士一直致力于推广正念。他认为“正念”本身就是中国的概念，因为“正念”完全和我们的文化、语言和历史交织在一起。的确如此，“八正道”不仅仅是佛法的修炼，更是中国文化中的精髓。用“八正道”来强化领导力的表现，将会是中国领导者的天然传承，也会创造出有别于西方领导力的全新范式，而这些最终都会形成一种善的力量。

SELF-
TRANSFORMING

第三章

如何获得自变

方法一　通过“镜子”建立自我认知

智者不能自见其面，勇者不能自举其身。

——古语

“自我认知”没有那么简单

“自我认知”的概念广为人知，很多人才发展的项目都有自我认知的环节。我讲授的“SIAC领导力发展模拟舱”课程也一直在帮助不同组织的领导者和职业人士建立自我认知。因此，“自我认知”也是我讲得最多的一个专业词语。但当我和参加人才评价和能力发展项目的学员或者组织内部的人力资源说起“自我认知”的时候，大部分人都会告诉我，自我认知就是“了解自己的优点，认知自己的不足”。每每这个时候，我都会暗自思量，其实“自我认知”远不止大家想的这么简单。

在心理学研究中，自我认知（Self-awareness）是研究人自身的最根本课题。“自我认知”是个体发展和演化的基础和起点，也是一个人逐渐发展和具备的一种能力。在这个过程中，个体可以把自我和外部世界、环境因素、他人和自己的内在因素等要素逐步分离开来，从而对自我有越来越清晰的理解和把握。“自我认知”是最根本的学习能力，也是个体获得成长和发展的起点。

自我认知的镜子实验

谈到自我认知，在心理学研究中有一个著名的实验就是“镜子实验”。

研究者把不同的动物放在镜子前面，观察它们是否能够意识到镜子中的影像就是自己。实验证明一些高等级动物是可以建立一定的自我认知的。这些动物包括大猩猩、大象、海豚等，科学家通过检视它们在镜子面前的反应来验证动物可以多大程度建立对于自我的认知。

实验包括：它们会不会检查镜子；会不会反复审视自己；会不会识别自己身上的异物（一个有名的测试实验叫红点测试：在动物的额头上标记红点，以观察是否该种动物可以从镜子中辨识这样的异物）。

第三章
如何获得自变

人类的镜子认知阶段

人类个体对于自我的认知也是逐渐建立的。对于刚出生的婴儿而言，他们需要一年的时间才能逐渐认知到自己和母亲是两个独立的个体。在一到两岁的时候，他们才能逐渐从镜子中辨识出自己。

美国埃默里大学的菲利普·罗沙（Philippe Rochat）教授将从婴儿时期开始的镜子自我认知过程分为六个级别：

级别 0：混沌（Confusion），这个阶段的婴儿对自己的认知为零。他们对于镜子反射的自己或者镜子本身没有任何认知。他们认为镜子和镜子里的映像只是外部环境的一部分。

级别 1：区分（Differentiation），这个阶段的婴儿开始认识到镜子能够反射事物。他们能够将自己在镜子中的运动和周边环境的运动区别开来。

级别 2：关联（Situation），这个阶段的婴儿能够把自己在镜子中的运动和自我本身的运动关联起来。这个算是初步的自我认知了。

级别 3：确认（Identification），这个阶段的个体能够确认镜子中的影像不是别人，就是自己本人。

级别 4：恒定（Permanence），这个阶段的个体不仅仅能确认镜子中现在的自我形象，他们还能够确认图片中历史的自我。因此体验到一种“恒定”的自我。

级别 5：自我觉察（Self-consciousness），这个阶段的人不仅仅从自己的角度察觉自己，还可以从第三者的角度看自己。他们理解到“自我”不仅仅是自我头脑中的“我”，也是别人头脑中的“我”。

通过镜子，婴儿开始辨识出自己，这应该算是人生中我们第一次开始有了“自我认知”。随着人的不断成长，我们的认知不再停留在认知自己的外形和动作，认知维度开始逐渐深化到我们的内在状态。

自我认知的 X 和 Y 维度

如果要为系统的“自我认知”建立一个模型，我认为应该构建一个 X 轴和 Y 轴的二维框架，自我认知在两个维度上逐渐展开。X 维度是构成一个人的所有心理要素，而 Y 维度是人的一生逐渐成熟和发展的历程。下面就让我们展开来详细审视一下我们是如何构建自我认知的。

X 维度是一个人在某个阶段的不同心理层面的状态表现（如图 3-1 所示）。这也是发展心理学研究的主要领域，它们包括智力、人格、知识经验（学习能力）、行为、能力。

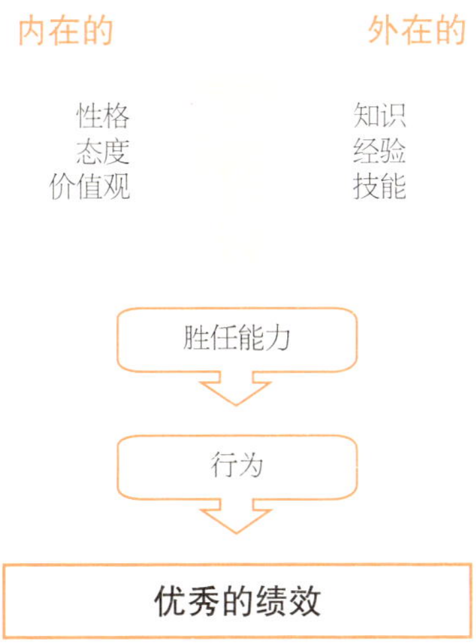

图 3-1　人的个体认知维度

从图 3-1 就可以看出，这些领域的相关知识体系帮助我们构建了在某个时点我们作为一个人的心理层面的各个要素。它如同一幅素描，把一个人从内在智力个性到外在行为表达全面地勾勒了出来。我们的内在包括智力、认知能力、人格，也包括后天习得的知识经验和技能（建立在我们的学习能力上）。这些要素的综合外显就是我们的行为模式，而行为和外部环境交互决定了我们的能力表达状态。

1. 智力因素

关于智力的因素研究有很多理论。加德纳在 1983 年提出的多元智力理论超越了传统意义上对于IQ（Intelligence Quotient）的理解。他认为人类有八种主要的智力表达，每一种都是一个独立的系统。这八种智力包括：

（1）言语智力是一个人运用语言的能力，包括理解他人的语言、讲话、阅读、写作等一系列活动的综合智力表达。

（2）逻辑—数学智力是一个人运用数学和推理的能力。

（3）空间智力是一个人感知空间世界的能力，如是否可以从一个地方到达另外一个地方，能否很容易在车库中找到自己车的位置。

（4）音乐智力是一个人的音乐感知、辨识、转换和表达的能力。如一个人会不会识谱、能否弹奏乐器、能不能唱出动听的歌声、能不能谱曲等。

（5）身体—动觉智力是一个人用身体表达思想和感情的能力，如跳舞、体育运动等。

（6）人际智力是一个人能否有效理解他人的动机、意图和感情的能力，如能否建立愉悦的人际关系、能否表达出对他人的理解和认同等。

（7）内省智力是一个人了解自我并作出适当调整的智力，这个也关乎本章的核心概念——自我认知的能力。可见自我认知也可以被看作是一种智力表达。

（8）关于自然的智力：对于自然世界的事物进行理解、

联系、分类和解释的能力。

智力是对个体的内在的综合认知能力的一种定义。从上面的不同智力维度界定，或者通过特定的智力测评，人们可以在一定程度上建立关于自己的智力水平的认知。一般研究认为智力在成年后会逐渐达到最高水平，随后不同的智力水平随着人的成熟和衰老而逐渐下降。如我们的动手操作能力从 33 岁就开始下降，但写作能力要在 65 岁以后才开始出现逐渐衰退的迹象。

2. 人格维度

心理学家对于人格（Personality）的定义并不完全一致。不同的心理学家从不同的侧面总结了多种具备倾向性的心理特质，它可以是心理活动的动力特征（气质），可以是稳定的态度和行为模式（性格），也可以是完成某种活动的潜在可能性特征（潜能），还可以是我们的倾向性特征，包括需求、动机、偏好、价值观、理想和信念。

人格是驱动我们行为的内在因素，是我们的动力来源。人格也是我们内在的稳定因素，具有可塑性。现代的研究认为，即使到了成年人阶段，我们的人格还是可以继续塑造的。

历史上人格理论有不同的范型：古典精神分析流派，以弗洛伊德为代表；新精神分析流派，以荣格、阿德勒、埃里克森为代表；特质论流派，以卡特尔为代表；行为主义流派，以斯金纳、米勒为代表；人本主义流派，以马斯洛、罗杰斯为代表；认知主义流派，以凯利等为代表。

在实际的人格测评中，历史上不同的心理流派专家开发出种类繁多的人格测评。如迈尔斯布里格斯类型指标（MBTI）测评是基于荣格的《心理类型》理论开发而出。现在业界比较认同的人格测评类型是大五理论，从开放性（Openness）、责任心（Conscientiousness）、外倾性（Extraversion）、宜人性（Agreeableness）、情绪稳定性（Neuroticism）五个维度定义人格，成为很多人格测评的开发基础。

在现实工作中，我们主要使用来自于美国的 ASSESS 性格测评体系来帮助组织中的职业人士和领导者认知自己的个人特质。它包含思考、工作、人际三个维度一共 24 项性格和动机特质（如表 3-1 所示）。接受测评的人可以看到自己完整的 ASSESS 性格发展报告，还可以通过顾问的解读来深度理解自己的细节性格特点。同时，这样的测评还可以帮助接受测评的人了解性格和组织所要求的能力的关联。有时我们也使用（Hogan）测评，不仅仅帮助接受测评的人了解自我的性格特征，还可以让他们看到那些需要发展的领域（HDS）和自我的价值观和动机（MVPI）。

相较一些更广为人知的人格测评工具，如 MBTI 等，更加专业的人格测评（如 ASSESS 测评、Hogan 测评等）呈现了更多的优势，它们更加细化、更加科学和稳定，而且能够揭示内在的性格和组织要求的能力的关联。

表 3–1　ASSESS 性格测评的 24 项和工作相关的性格指标

思考	工作	人际
深度思考	工作节奏	断定自信
结构性 / 系统性思维	自立性	社交
谨慎 / 拘谨的思维	工作的组织条理性	渴求被喜欢的程度
基于事实的思考	同时执行多项任务	积极看待他人
现实性思考	持续完成工作	洞察力
	接受控制	乐观性
	挫折承受力	批评承受度
	渴望自由	自制力
	需求被关注的程度	文化同一性
	重视细节	

相较智力和人格这些内在因素，我们的自我认知还可以覆盖学习能力（对于知识经验技能的掌握能力），这涉及每个个体的学习策略和学习风格的理解。如我们在学习的时候更加依赖我们的听觉、视觉以及动觉，从而认知自我的学习模式，找到最适合的学习方法。

我们的内在心理因素如认知能力、性格和后天习得的知识经验结合，就会产生出行为和能力。在这个层面，多种方法可以介入展开相关测评，如评价和发展中心、360° 反馈、行为面谈等方式，都是评估能力和行为的常用方式。

上述的 X 维度中，我们可以通过测评获得个体在某个时点的个人特质状态，包括智力状态、人格状态和能力行为状态。但人是在不断发展的。因此，需要建立另外一个维度（Y 维度）来理解人的发展不同阶段的演化特点。

另外一个维度（Y 维度）可以由罗伯特·凯根的成人发展理论来建立，在这个维度，本书介绍的“头脑复杂度”理论清晰地描述了个体的头脑发展阶段，在此不再赘述。一个人的头脑从婴儿期到成年会经历不同的头脑发展阶段，包括冲动型思维、工具型思维、社会化思维、自主的思维、自变的思维（如图 3–2 所示）。

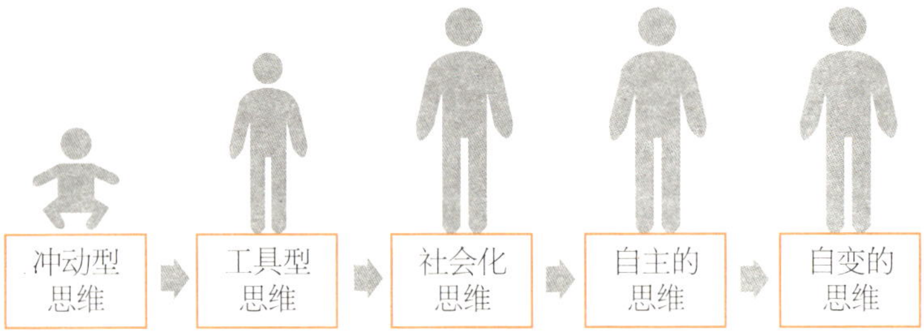

图 3–2　头脑发展阶段示意图

在每个成长阶段，“认知自我”的任务就是突破那些束缚我们的主体因素，从而让我们有可能攀升到更高的头脑思维状态。

- 孩童期的自我认知任务就是建立对于自我和外部世界的客观认知。
- 青少年的自我认知任务就是建立关于自我需求、兴趣和欲望的客观认知，理解社会对自己的要求。
- 成年人的自我认知任务就是建立关于自己作为一个独立于社会的人的认知，拥有自己的身份认知和独立思维。
- 成年人进一步演化的自我认知任务就是建立自我作为这个世界的一分子的认知，包括拥有自己的世界观和信仰体系（不见得每个人都能够具备）。
- 自主思维模式的人的自我认知任务就是看到自己世界观和信仰的局限性，能够认知到其他的意识形态的合理之处（这个很难超越）。
- 而迈向自变的人的自我认知的任务集中在完善自己对于世界的深度辩证理解上（很少数的人可以达成）。

如何正确使用心理认知中的“镜子”

从 X 和 Y 维度来看，人的“自我认知”是贯穿我们一生，需要深入到心理层面的多角度、多方位的认知过程。在认知过程中，认知的产生也需要“照镜子”。但这样的“镜子”并不是镜子本身，而是用“镜子”的概念类比那些帮助我们不断认知的测评工具、心理学模型和知识框架。如果不借助这些专业的“镜子”，人们是无法有效地建立“自我认知”的。

和实体的镜子不同，用于成人的自我认知的“镜子”包括了各种的心理测评工具、智力测评工具、人格测评工具、行为评价的工具和方法、360° 测评、他人的反馈、教练和历史上各种特定的心理学理论框架和知识体系。

像前文介绍的“镜子实验”同样的道理，不是每一个成年人都愿意或者有能力通过心理学的工具和方法（“镜子”）建立自我的认知。很多人同样都会经历六个级别的自我认知历程，很多人在其中的某个阶段会止步不前（如图 3-3 所示）。

0. 混沌
（confusion）
· 没有清晰的自我认知

1. 区别
（differentiation）
· 理解有相关的工具方法，但认为和自己无关

2. 关联
（situation）
· 表面的认知，了解自己的优点和不足，但内心怀疑，或者无法改变

3. 确认
（identification）
· 相信投射回来的信息，甚至是迷信

4. 恒定
（permanence）
· 确信自己的状态，但感觉无法改变

5. 自我觉察
（self-consciousness）
· 动态地审视自己，多角度认知，而且意识到环境的要求，从而能够改变

图 3–3　自我认知历程

表 3–2 体现了在自我认知时，成年人也会经历的不同阶段。

表 3–2　对性格的自我认知范例

自我认知级别	定义	用性格认知举例说明
0. 混沌	没有自我认知	没有对于自我个性特质的任何理解，完全被自己的性格控制和驱动
1. 区别	理解有相关的工具和方法的存在，但认为和自己无关	理解有相关的性格工具和方法模式可以帮助到个人了解自我的性格，但认为和自己无关
2. 关联	表面的认知，通过这些工具了解了自己的优点和不足，但内心还有怀疑，或者不能去控制自己的认知点	接受了特定的性格测评，了解了特定的性格指标含义，理解性格对于自己的影响，但内心怀疑或者并不是特别认同

续表

自我认知级别	定义	用性格认知举例说明
3. 确认	相信工具和方法反射回来的信息，基本能做到全部接受，并尝试去改变	在经历了科学的测评工具并有效的讲解后，认同测评中呈现的信息，确认性格特征有效反映了自我的心理特质，并愿意开始管理自我的性格
4. 恒定	确信自己的状态，能在一个时间轴上审视自己的过去和现在，理解到自己内在恒定的状态	确信自己的性格状态，并在一个时间段内不断观察自我性格的状态，甚至可以看到自我性格的一些改变。理解性格的稳定性
5. 自我觉察	动态地审视自己，多角度认知，而且意识到环境的要求，能够做到因环境改变而改变自己	动态地审视自己的性格，多角度认知，意识到外界环境对自己性格的影响，从而能够根据性格调整自我的行为。并可以通过性格理论理解他人的性格和行为，还可以从性格的角度理解到别人会如何看待自己

如何达成有效的自我认知

在现实世界中，很多人对于“自我认知”存在诸多的误解。根据直接的工作体验，我列出了四个主要的误解：

误解一：认为自我认知就是了解优势和不足；

误解二：认为自我认知后我们就可以改变了；

误解三：认为一个简单的测评工具就可以帮助我们实现认知，如 MBTI；

误解四：认为经过自我认知，就不需要新的自我认知了。

从自我认知的不同阶段可以看出，“自我认知”是一个有相当深度的渐进过程。它绝对不仅仅是了解自己的优缺点，而是要能够理解自我优势弱势背后的原因。我把这个过程叫作“知其然，而且知其所以然”。例如，当一个人理解到自己在“团队领导力”方面需要发展时，真正有效的认知需要进入很多深度的探寻中，包括：

- “我的哪些个性特质可能阻碍了领导力的发挥？”
- “我的行为模式方面有哪些领导力行为还没有充分展现？”
- “别人是如何看待我的领导力展现的？”
- “我还缺乏哪些关键的领导力技能？”

而这些深度的挖掘往往需要借助专业的人才测评工具，只有在这样的深度认知后，我们才可以进入认知的“确认”“恒定”和“自我觉察”阶段，从而有能力找到提升的路径，并驱动自我去改变和提升。很多时候，即使我们了解了自己的优点和缺点，也并不意味着改变会自动发生。很多人在简单的认知后往往根本不会改变。

针对误解三和四，从前文就可以看到认知是多角度、多系统的工作。一两个简单化的测评工具是无法帮助个体实现充分的自我认知的。另外，从人不断发展的角度看，一次的自我认知是远远不够的。自我认知不应该是静态的，而应该是动态的。我们的智力水平、人格特质会在成年后逐渐稳定下来，但我们的行为和心智模式却是在不断演化和改变的。因此，自我认知应该是组织和个人的常态化任务，而不应该是偶尔为之的活动。

方法二　变革免疫分析

宇宙中的一切都在你体内，向内寻求一切的答案吧。

——鲁米

你为什么无法改变

不管是个人还是组织，都会面临这样的状态——即使制订的计划和目标看起来非常合理，但当去达成时，就会发现有很多障碍，最终目标没有达成。比如你的组织希望强化部门之间的合作，也曾大动干戈，又是培训，又是出台规则，但好像也无法有效提升部门之间的协同水平。

我们会发现，在一定程度上自己总是无法作出有效的变化和改变。反过来看，这成就了一个稳定的个人或者稳定的组织。但我们知道，人没有变化就没有发展，组织没有变化则会倒退，甚至灭亡。而要谋求变化，就需要识别阻碍变化的内在因素。

罗伯特·凯根教授提出了变革免疫分析的方法（Immunity to Change，“ITC”）。“变革免疫系统”分析方法首次给我们呈现了那些看不见的内在状态，这些不可见的头脑状态却控制着我们的行为，而行为阻碍了达成个人和组织期待的美好目标。这有些像我们身体的免疫系统一样，如果和我们体系不同的物体被植入到人的身体中，我们自身的免疫系统就会发生作用，阻碍这些不同的系统的进入，但有时，这样的系统的进入，如器官移植，却是为了改善我们机体的健康状态的，而我们的身体一样会排斥。

同样的道理，如果我们认知到我们自身的“变革免疫”或者“改变阻碍”因素后，就可以去管理和控制，从而让我们的个体和组织达成一个更加理想的状态。

神奇的变革免疫系统分析方法

变革免疫系统分析方法一共有四个步骤，我会对每个步骤进行举例说明，希望能帮助到大家。

步骤一：明确你希望提升和改变的目标；

步骤二：写出那些与你目标相抵触的日常行为；

步骤三：分析驱动你日常行为的隐藏的承诺；

步骤四：列出那些你隐藏的承诺背后的关键而重大的假设。

当然还会有第五步，当你列出这些因素后，就会发现第三步和第一步列出的行为是相互矛盾和抵触的，而你的承诺来源于你的假设。这时候，就可以考虑去改变这些假设，如果假设可以改变，你的行为才有可能会改变，从而帮助你实现你在第一步中列出的目标。在写作每个步骤的要素（目标、行为、承诺、假设）时，你需要判断它们是否符合下表中列出的标准（如表 3–3 所示）。

表 3–3　变革免疫系统分析方法步骤的要素

需要提升的目标	（与第一栏的目标）相抵触的行为	隐藏的承诺	关键的假设
标准： · 是真实的目标 · 是你的目标 · 该目标有提升的空间 · 对你很重要（重要性打分。如果是 1–5 分，应该是 4 分或 5 分的目标）	标准： · 是行为（不是内在状态） · 和第一栏的目标相抵触 · 不是没有做或者做了的原因	标准： 你的担心： · 对于第二栏中列出的行为，如果你不那样做，你最主要的担心是什么 · 出现的危机景象将上面的“担心”转化为不让担心发生的“承诺”	标准： · 这些关键假设就是你的免疫系统。这样的假设对你是根本性的挑战，如果你不这样，对你会是很糟糕的状态 · 但反过来看这些假设呈现了更广阔的空间和世界

第一步：明确你需要提升和改变的目标。

我们在生活和工作中都有很多希望提升和改变的目标。如“我希望减肥成功”；“我希望可以更好地和老板、同事相处”；“我希望工作压力可以降低”；“我希望可以更加有规划和有计划地开展工作”；等等。在书写你的目标的时候，请遵循如下四点原则：

- 是真实的目标
- 是你本人的或者是你们的目标
- 该目标有提升的空间
- 对你很重要（重要性打分。如果是 1–5 分，应该是 4 分或 5 分的目标）

如果你曾在组织中制订过个人发展计划（IDP），其中的目标也可以这样分析。而且，最好是你的目标可能已经努力尝试过，但却没有坚持和贯彻到底。通常我们都会给出一些表面的理由，如“我太忙了”，“我的动机不足”，但其实你会发现这些原因都过于表面，并不能帮助你了解真正的内在原因，而 ITC 的整个流程也许会帮助你来发现你从来没有意识到的内在原因。

第二步：写出你（与第一步列出的目标）相抵触的行为。

请你在第二个栏目中写出你认为的关键行为，这些行为是和你的第一栏目中列出的目标直接抵触的。请记住，你写的一定是行为，而不是内在的状态，如不应该是“我不喜欢冲突”，而是“我在面临冲突的时候，会选择逃避和回避”（这才是行为，而不是你的内在状态）。可以尝试至少写出三到四条这样的行为出来。

第三步：隐藏的承诺。首先在“你的担心”的方框中写出你的担心，这些担心是你如果做了第二步中的相关行为，你的任何担心、不适应或者那些感到“失去”的状态。

假如我拒绝别人的要求，我担心会让别人感到伤心。然后，将上面的“担心”转化为不让你担心发生的潜在“承诺”，如上面你的担心是“怕别人感到伤心”，那你的隐藏的承诺就是“由于我担心别人会感到伤心，我致力于不要让别人感到受到伤害”。

第四步：关键的假设。

当在第三栏写出你的潜在承诺后，在第四个栏目就可以设想“如果我做了与第三个栏目中隐藏的承诺相反的事情，那有什么重大而且糟糕的事情会发生在我的身上”。承接上面的例子，“如果我不致力于不让别人感到受到伤害，有可能别人会觉得我是一个冷漠的人”。

在第四步中，当你发展出相应的“关键假设”，它会让第三个栏目中的你的“隐藏的承诺”显得非常合理。而且这个关键假设会导致“重大而且糟糕”的后果。这个假设实际上也会呈现给你一个受限的世界（那就是你如果那样做了，你的空间会更加广阔，但你觉得你不应该那样做）。

下面我可以呈现给大家一个完整的例子，这个例子的目标很多忙碌的人都会希望设定，那就是“让我的压力少一些，工作清闲一些”。但很多这样的人进入工作时，却发现永远也无法解脱。他们自己也会嘲笑自己，说自己就是一个工作狂。但通过 ITC 过程分析，这些人可以看到他们有可能是更希望别人依赖自己，让自己不可或缺，或者更希望得到别人的认可。而这些承诺来源于他们的一些潜在动机和价值观，如“我希望我是优秀的”（如表 3-4 所示）。

表 3-4 变革免疫分析 1

需要提升的目标	（与第一栏的目标）相抵触的行为	隐藏的承诺	关键的假设
我希望能够对自己更好一些（不要有太多压力，要有更多锻炼，有更多的休闲时间）	· 我没有更多地拒绝那些我不希望做的事情 · 我很自然就会同意别人的要求 · 我不常寻求别人的帮助 · 我计划去健身，但总是由于太忙而取消锻炼的计划	你的担心： · 人们将不再需要我的帮助 · 别人，而不是我，会得到帮助别人的好处 · 我希望自己随时都可以能够帮助他人 · 我希望别人觉得我是不可或缺的 · 我希望得到别人的认同 · 我希望别人可以依赖我	· 如果我不能随时都帮助他人，我就不会成为一个容易相处的人 · 如果我不是不可或缺的，我将不够优秀 · 如果我得不到别人的认同，我将失去未来的机会。我感到不可或缺和赢得别人认同显然比照顾好自己更加重要

实际上，很多的生活和工作场景，会让我们感受到压力、挑战、难以适应，这往往是需要我们提升能力的信号，但由于我们的“变革免疫系统”的作用，我们并没有意识到我们应如何有效改变。个人如此，组织也一样。今年，我们为一个快速发展的创业公司开展了一个完整的领导力发展项目，在开始时，公司的首席执行官（CEO）明确指出，由于组织的快速发展，部门和部门之间出现了权责不清，无法沟通，甚至到了爆发冲突的状态。而这些冲突直接反馈给 CEO 来解决，我们要提升

的能力之一就是“跨部门的沟通和管理”。对这样的情形，我们可以尝试从一个部门负责人的角度作一次“变革免疫分析”，来帮助我们的部门更好地理解部门之间无法友好沟通、无法顺利解决问题的根本阻碍是什么。这样的分析是可以帮助当事人更深度地理解并改变行为模式的（如表 3–5 所示）。

表 3–5 变革免疫分析 2

需要提升的目标	（与第一栏的目标）相抵触的行为	隐藏的承诺	关键的假设
我希望能够和其他关联部门友好沟通，迅速解决问题并达成更好的合作关系	· 我们本部门的工作非常繁忙，让我们有时无法快速对其他部门的要求作出反应 · 对于别的部门给予的非合理要求，我们会拒绝 · 我不会给其他部门找麻烦，因此，很少和他们沟通，有问题自己解决 · 当我们感觉到别的部门做得不对的时候，我们会提出反对，或者表达不满 · 我无法和一些部门的负责人友好相处	你的担心： · 获得不了本部门同事的认同和支持 · 给我们造成太多工作和压力 · 让其他人发现我的问题 · 别人会认为我很好欺负 · 我致力于获得部门同事的认可 · 我致力于将工作控制在可接受的范围 · 我致力于不让别人看低我和我的部门 · 我致力于不要让别人欺压我和我的部门	· 如果我不能获得同事的支持，我将不是一个好的领导者 · 如果我不能控制我的工作，我将不够优秀 · 如果我被别人看低，我将是一个失败者 · 如果我让别人随意欺压我和我的部门，我将像是一个弱者

上面的两个分析为我们呈现了我们世界中的两种状态。栏目 1 是我们认为合理、有效的承诺，我们希望做到，而且这样的承诺往往都是美好的。而栏目 3 中的承诺却是真实的存在，而且这些承诺实际上掌控着我们。两个层面的承诺却是相互矛盾的。这如同一个人在驾驶一辆汽车，他的一只脚踩在油门上，希望车可以开起来并加速前进，而他的另外一只脚却踩在刹车上，最终车并没有开起来，或者在出发一段时间后停了下来。这就如同我们希望达成生活和工作中更高的目标，最终我们的“内在免疫系统”却让这样的目标无法达成一样。而第四个栏目就是我们内在的“变革免疫系统”，这个系统对于我们而言如同“绝对的真理”，我们很少触及或者挑战这些领域，但这些“真理”却掌控着我们，决定了我们的行动。因此，在分析完你的变革免疫图谱后，我们可以尝试挑战第四个步骤中确认的“绝对真理”，看看这样的真理如果适当动摇、突破、取消后，结果会如何。这样的思考可以让你看到一个更大的世界。这恰恰是我们的行为模式可以改变的开始。

你其实可以改变

一次，在哈佛大学校园中，我在 ITC 课程的演练环节中帮助一位同学做了一次 ITC 分析。她是一个美国的非营利组织的副总裁，是一名精力旺盛的女士。我们开始讨论时，她希望实现的目标是可以让她的属下更加自主地工作，同时可以改善她和另外一名副总裁同事的合作关系。ITC 分析下来，却发现她非常享受那种在混乱中大家需要她来解决问题的状态，以及她希望被人看作是一位“英雄”。这样的结果梳理出来后连她自己都大吃一惊，她肯定看到了自己以前没有看到的内在因素。

让我们无法向更理想的状态迈进的内在要素有很多种，可能是我们的欲求，也可能是对人和人相处抱有的理念，还可能是你的自我形象、身份认知以及意识形态。这些要素往往是隐藏的，但这些状态却在影响着你、控制着你的行为。当你希望改变的行为触碰到这些形态的底线时，往往是这样的潜在因素取得胜利。本节介绍的模式，为每一个希望改变的人提供一种方法，那就是让你清晰地看到这样的隐藏状态，并尝试去确认这样的状态是否可以改变，从而影响你个人的行为真正的改变。

如果你有兴趣，可以开始尝试使用这样的分析方法。而且需要明确的就是，每个人的变革免疫系统都是有差异的。因此，你值得亲自尝试！

方法三　保持好奇心，但不随意评判

你连想改变别人的念头都不要有。要学习太阳一样，只是发出光和热，每个人接收阳光的反应有所不同，有人觉得刺眼有人觉得温暖，有人甚至躲开阳光。种子破土发芽前没有任何的迹象，是因为没到那个时间点。只有自己才是自己的拯救者。

——荣格

美国著名诗人沃尔特·惠特曼（Walt Whiteman）有一句名言："保持好奇心，但不随意评判。"

20世纪70年代，高威（Tim Gallwey）先生在教授网球的时候，发现最好的教授方法不是在批判中试图纠正他人的错误动作，而是不去评论，这样可以让学习者放松聚焦（Relaxed Concentration），投入到真正的优秀状态中，从而自然学习成长。用一个简单的公式，"内在游戏"（The Inner Game）可以被总结为：

绩效（Performance）= 潜力（Potential）– 干扰（Interference）

“不评判”（Non-judgmental）的模式可以帮助我们每个人祛除内心的干扰，从而达到更优的状态。高威先生后来写作了《网球的内在游戏》《高尔夫的内在游戏》《音乐的内在游戏》和《工作的内在游戏》等一系列“内在游戏”丛书，揭示了不评判对于教学相长的重要意义。这也成为了现代教练技术的核心理念。

在人类社会中，人们习惯于评判自己和他人。这应该是人类社会属性的一种基本体现。动物不会评判，因为他们没有语言和评判系统。

评判（Judge）通常指的是利用自我的观点来审视观察到的事实，从而定义事实。而很多时候，由于我们的观点被各种感情、愿望、内在动机、价值判断、理论和特定的意识形态所裹挟，我们的评判往往不全面，容易走极端或者无法被他人认同。如果没有经过专业的训练，很多人是无法阻止自己去评判的。有些评判是通过语言表达出来的，但更多的评判随时会从我们的心头自然涌现。

当我们受到冒犯时，我们会生气地批评别人不懂得尊重他人；当我们看到别人失败时，会认为他们咎由自取或者无形中看低他们；当我们发现别人更加富有、健康、美丽时，我们会羡慕或者嫉妒；当我们遇到不同的想法时，也会马上表示拒绝。

这些都是评判。内心的评判显然会生出很多情绪，困扰和阻碍自己和他人的生活和工作。

史提芬·柯维（Stephen Covey）博士说过："我们应该怀着同情之心，而不是责怪之心去发现别人的弱点。问题并不是他们没有做什么或者应该做什么。问题的关键是你选择用什么方式来回应这些状态。如果你一开始就认为这就是'问题或者缺点'，你需要让自己马上停止。这样的想法本身才是问题。"

"不随意评判"是一个人成熟的表现

十年前，我们美国的合作伙伴 ASSESS 系统的创始人大卫·比格（Dave Bigby）博士来中国时，我问他对于美国总统布什的看法，他笑谈说他并不关心政治，不予评价。后来，我又问他对于奥巴马的看法，他的回答也大致相同。现在想起这个事情来我才明白，其实他并不是一个不关心政治的人，而是秉承着一种不随意评判的精神。这也是一种成熟的表现。

反过来看，日常的随意评判会暴露人的不成熟，这样的行为有可能也会带来问题和风险。

首先，我们会观察到，那些经常愿意评判别人的人通常是负面或者极端的。这样的情绪会让人陷入负面情绪的漩涡。在任何一个组织中，如果随意的评价盛行，往往会衍生出更多的不满情绪，甚至会影响到组织的整体氛围。

而当我们轻率地给予别人评判时，也会让接受方感觉到自卑、反感或者抵触。关键是，即使我们希望对方按照我们的意图改变，但往往事与愿违。这在家庭教育中尤为突出，很多爱批评孩子的家长没有能够真正地教育好孩子，反而培养出了孩子的逆反或者自卑心态，甚至影响到孩子长大后的性格和做事方式。

既然大家都能意识到随意的评判不见得有好的效果，为什么还是有很多人会随意评判呢？那是因为，评判是社会赋予我们每个人的一种行为习惯，而不是一种技能。它是我们保持和他人连接的一种方式。人们在一起说说别人的短长往往是一种亲密伙伴之间才有的模式。

随意评论他人是我们被特定观念束缚的表现，这些束缚在不同的成长阶段来源于我们的欲望、偏好、希望维系的社会关系、特定的价值观、特定的观点和意识想法。

当我们被自己的欲望和兴趣驱动时（工具型意识模式），常用喜欢和不喜欢、好和坏、对和错来区分和评判人和事物，对于人和事物的评判容易呈现两极化的趋势。但这个世界往往并不是简单的两极世界，而是多元有机的集合。采纳两极化观点的人通常会无法适应外部世界的复杂性和灰度，也不善于处理复杂的问题。

当我们被人际关系驱动时（社会化的思维模式），往往会利用不同的标签来区隔我们认同和不认同的人。人种（如黑种人和白种人）、信仰（如基督教和伊斯兰教）、地域属性（如老乡）、社会关系属性（如同学）等都会成为我们评判中使用的标签。有了这些标签后，也就比较容易简单地判断哪些人是可以信任和依赖的，而哪些人要回避和拒绝。

当我们被意识形态和我们形成的身份认知驱动时（自主思维模式），已形成的特定价值观、意识形态等都是进一步评判自己和他人的标准。评判他人时，主导我们评判标准的观念和想法很多时候是无法掌控的（心理学中将这种状态称为“主体”）。就是说，人在进入评判模式时很多时候是不自知的。

随意评判和科学评价

在生活中，不要随意评判自己和他人；但在职业环境下，我们需要客观和科学的评价人才。如何区别科学的评价和不够科学的评判（Judge）是很有意义的事情。

我本人的工作涉及很多科学的人才评价方法。如在评价中心，我们会培训专业的评估师担任人才评估工作。受过训练的评估师会通过公平、客观、不带偏见的方式评估他人的行为，并提供系统的报告和反馈。为了达到这样的状态，科学的评价过程按照“ORCE”的步骤来完成（如图 3–4 所示），即：

- 观察（Observe）：细心观察和倾听发生的事情；
- 记录（Record）：准确全面地记录所发生的事情；
- 整理（Classify）：使用规范的语言对行为进行分类和整理；
- 评价（Evaluate）：按照明确和统一的评估标准对行为作出评分。

图 3–4　ORCE 流程示意图

ORCE 流程的每个步骤都必须建立在前一个步骤的基础上。评价中心通常使用如小组讨论、一对一面谈模拟和书面报告等多样形式，将现实中的情景通过模拟再现，从而让参与者有机会系统全面地展现自我的各项能力行为状态。由于评估师可以观察记录大量的行为证据，并根据明确的能力标准给予数量化的评估，评价中心能够给出更加可靠的分析和评估数据，也容易获得被评估人的接受和认可。

在这样的流程中，我们可以看出科学的评价和日常的随意评判会有本质的差别，其科学性关键在于如下四点：

（1）全面：在评价中心的模式中，通过设定一系列典型的情景，可以全面地观察到一个人大量典型的行为数据，整个评价是基于比较全面的数据收集而来的。

（2）基于行为证据：在评价中心中，评价是基于切实的行为证据作出的，有依据，同时也容易获得被评估人的认同。

（3）有清晰的评估标准：在评价中心，都有根据组织能力要求开发出的明确的评估标准作为评估的依托，而且是多维度的能力评估，往往包含 5—10 项能力要求，能力的覆盖面大，避免了类似于“好”和“不好”这样的简单的价值判断。

（4）公开和透明：在用于发展目的的评价中心，评估师作出的客观评估结论往往会详细地反馈给被评估人。在这样的科学评价中，流程是非常公开的，内容和结果也非常透明。

与这样的科学的评价中心模式相对立的是日常的随意评判，可能的缺陷也就一览无余了：

（1）不够全面：我们日常的评判往往无法全面地看到事物的面貌，因此，会基于不完整的观察作出判断；

（2）缺乏证据：日常的评判往往被我们的情绪、喜好等因素主导，有时没有充分而且切实的证据，有时甚至会忽略客观事实证据；

（3）没有清晰的评估标准：在日常的评判中，我们依托的标准是自身的喜好、价值判断和日常观念。这些观念本身就有很多值得商榷的地方，或者无法得到他人的认同；

（4）不公开和不透明：日常的评判往往是没有公开沟通的。可能是一个人内在的想法和情绪，或者是私下的随意评论。当有些评判表达出来时，也可能会通过一种非专业的方式传递给被评判的人。很难做到公平、公开和透明。

因此，人才评价是一项需要学习的技能。特别在专业的组织内部，每个职业的管理者都应该学习如何正确的评估人才，这样的学习可以帮助我们克服随意评判他人的倾向。

我们也可以看到，科学的评价往往需要一定的条件和环境。在没有科学设置的情境下，就不要随意给予评价了。

因此，在科学的评价和日常的评判之间，我们建议：

· 保持好奇心，但不要随意评判；

· 科学的评价需要基于客观而全面的观察，并在统一的认知下公开透明地给出；

· 要尝试不断努力将个人观点和事实尽量分离，尝试接受更加完整的事实本身，不管它是好的还是坏的、应该的还是不应该的。因为困扰我们的，是自身的观点，而不是事实本身。

方法四　通过教练实现自变

在一生当中，我们无法做出伟大的事，只能以伟大的爱去做微小的事。

——特蕾莎修女

头脑复杂度和自变领导力

诸如“远见”“创新”“变革”“教练”等一系列高难度的自变因素需要一个人到达“自变”的头脑状态，才可以充分释放。人所表达的能力/领导力实际上是我们的“头脑复杂度”的展现方式。如同 iPhone，其核心就是 iOS 操作系统，iPhone 的升级，伴随的就是操作系统的升级。在更高级别的操作系统基础上，更强大的软件应用和更强大的硬件才能够被最大化地发挥出效能。同样，我们人的头脑就是我们的操作系统，罗伯特·凯根教授将其定义为五个级别（如果细分，可以分为 21 个细分阶段），大部分成年人会被划分于四个阶段（工具型意识、社会化意识、自主意识和自变意识）。而人展示的能力就如同一个个 APP 一样，也有其高低难易的差别。我们不会期待让一位少年展现强大的变革能力，因为他远没有到达理解变革的年龄和具备相关的知识经验，更深层次的是他并不具备实现变革所需要的“头脑复杂度”。因此，我们可以从一个人的能力表达水平推断他的头脑复杂度（罗伯特·凯根教授推荐的头脑复杂度评估方式是 SOI 主客体面谈评估法）。反过来，如果我们希望达成更高的头脑复杂度，就应该去修炼那些更加有难度的领导力和能力。本节就是要探讨，如何通过教练（一种高度自变的领导力）来促进我们的头脑升级，接近或者达成“自变的状态”。

自变，从字面意思理解，就是人可以自我改变。能自我改变的人和事物往往会受到人类的推崇。化蛹为蝶就是一种自变，这样的蜕变往往被人类看作是一种升华和向更自由状态的一种跃升。周星驰的电影《功夫》中就有化蛹为蝶的镜头，描述了功夫高手突破到达超凡境界的状态。凤凰涅槃也是一种自变，浴火重生，从痛苦中再生和升华。冈仓天心在其《茶之书》中的最后章节介绍了日本的茶道大师千休利不畏权贵，最终引刀自杀的故事。这样的自杀至少从作者的角度认为不是厌世的放弃，也不是畏罪而亡，而是一种生命的自主选择，是一个人的思维境界达到了自变的状态才可能采取的果敢而决绝的行动。

我们当然不需要在生和死中体现自变，自变的头脑状态可以通过辩证的思维方式，以长远的视角在流动的观点中获得感知和体现。

大体上，接近或者达到自变状态的人们会有如下一些特点：

（1）具备从多个角度审视问题的能力，理解事物的因果关系及其复杂性，能看到更加深层次的多元因果关系；

（2）具备自变状态的人的观点中可能没有绝对的对错和绝对的标准，他们的观点有“流动”的特质。这样的状态投射给那些没有达到自变状态的人的心目中，可能会被认为是善变的或者是不确定的，可能来源于具备自变头脑的人更加善于观察和适应不断变化的环境挑战，或者来源于他们对于不同观点的综合判断以及适应能力；

（3）要做到上述的状态，具备“自变”头脑的人往往有挑战自我假设的内在能力。他们有能力看到自我的观点和判断背后的假设，以及愿意不断尝试挑战这样的假设是否经得起考验。在自变者的头脑中，没有永恒的真理，只有不断的求证和探索。

（4）自变头脑的人是最容易逼近“无我”状态的人，由于上述的一些特点，如流动的观点，不断调整的假设和对于事物的多角度、多因果观点，他们比较容易放下自我的观点、想法、欲望和人际需求，从而表达出“无我”的状态。你很难攻击一个具备“自变”头脑的人，因为他们并不坚定地维护自己的观点，他们甚至有可能很容易认同你的观点，哪怕你的观点最初和他的是矛盾的。

为什么需要自变

珍妮弗·贝格（Jennifer Berger）认为“自变”的头脑可能是一种礼物，是人们面对后半生更多出现的痛苦和悲伤（如父母亲人以及好友的生病和故去）以及了解到人生很多事情无法实现的一种妥协。

但不是每个人都能够达成“自变”的状态，这样的人即使在专业人群中也占不到1%。作为现代人类可以观察到的最高境界的心智模式，“自变”的模式无疑是值得追求的一种智慧模式。特别对于领导者而言，随着社会商业环境的不断复杂化，“自变”毫无疑问是一种更佳的头脑应对模式。而我们已经见证了，那些具备“自变”头脑的人，通过展现强大的变革、创新等领导力，正在推进人类的发展，带领人类进入新的境界。乔布斯、马斯克、任正非、张瑞敏就是这样的自变领导者。试想一下，如果我们的世界中，存在更多的上述这样的自变领导者，整个人类社会、国家、你所在的组织和公司都会变得更加优秀，更有活力，更面向未来。这也就是我们一直期望帮助组织中的领导者提升“头脑复杂度”，达到“自变”状态的根本原因所在。

通过教练来实现自变

通过对比教练的模式和自变的状态，我们可以判断，高水平的教练就是一种自变的状态。而一个人通过学习和践行教练的模式，可以帮助自我迈向“自变”的心智状态。

我的一个朋友的老板是一个经验丰富的教练，可以熟练地应用教练技能。但这位老板本人却经常容易情绪失控。这让人有一种矛盾的感觉。当教练去帮助别人管理情绪时，教练自己却常常情绪失控。这样的教练显然还停留在技能模式的层面，是没有达成自变状态的，也就是没有做到纯粹的教练。

纯粹的教练状态

我翻译的《成就卓越教练》（*Managing Coaching at Work*）一书中，对于教练特征的系统性描述如下：

- 教练不是指令性的
- 教练旨在帮助接受教练者达成他们的目标
- 教练会引导个人清晰的挖掘、反思、思考各种选择，并决定他们真正想要采取的行动
- 教练是有目的的——它并不是随心所欲的闲聊，它具备明确的开始和结束
- 教练促发个人远离工作的舒适区域，帮助他们探索自身的内在潜力

从这些状态可以看出，高级别的教练状态并不是期待和要求别人去改变，而是放下自我的思维模式，站在对方的角度，创造氛围，让接受教练的人可以自我改变和提升。教练最好不要抱着让别人改变的想法，哪怕这些想法有多美好。而是要放下自我（这需要充分的自我觉察），进入对方的头脑模式中，站在接受教练者的角度，让对方理清思路，发现问题并找到解决方案，并触发对方的自愿行动。

如果教练展开教练活动时，希望受教练者按照自己的意图改变，那就不是纯粹的教练，而是指导、咨询或者是一种有技巧的命令和安排。

之前看一个电视采访，李娜的网球教练就说过：“我的主要工作就是帮助李娜忘却场外的观众。”他不是去教授李娜打

球的技巧，也不是想改变她的情绪和思维状态，而是通过创造一种环境，让对方自然进入更佳的竞技状态。

因此，不评判（Non-judgmental）一直是教练的核心原则。不评判就是放下自我，放弃自己的观点和假设，从而可以从接受教练方的角度审视环境和问题，创造一种放松的方式。

要达成这样的状态，觉察和责任感是关键。《高绩效教练》（*Coaching for Performance*）一书的作者约翰·惠特曼就认为："如果缺少了觉察力和责任感，以及提问技巧的情况下，GROW 模型的价值将十分有限。"

在他的教练特质列表中，教练应该具备：

- 耐心（Patient）
- 超然（Detached）
- 支持（Supportive）
- 感兴趣的（Interested）
- 好的倾听者（Good Listener）
- 多维观点（Perspective）
- 觉察力（Aware）
- 自我觉察（Self-aware）
- 专注（Attentive）
- 记忆停留（Retentive）

而不应该借助：

· 技术专长（Technical Expertise）
· 知识（Knowledge）
· 经验（Experience）
· 信誉（Credibility）
· 权威（Authority）

从上面可以看出，上半部分都是那些没有自我武装的，轻松帮助我们进入受教练者的内在世界的特质，而下半部分则是一些固有的技能、知识和观念，这些我们拥有的知识、技能、身份和信仰都是给自己逐渐树立起来的壁垒，很难自我放弃，也就形成了真正教练时的障碍，让你无法和对方连接和进入受教练者的世界。

惠特曼爵士在他的书中讲到一个有趣的故事。一次，由于人手缺乏，他邀请两位滑雪教练来帮助他展开网球教练的活动，结果却出乎大家的意料之外，这两位滑雪教练教授网球的表现比专业的网球教练还要好。惠特曼将此界定为“知识的陷阱”，当我们具备网球的专业技能，并认为自己是专家的时候，其实我们的思维已经被限定，陷落到了知识给我们搭建起来的陷阱中了。

无论对于教练还是接受教练的人，教练都更加适用于马斯洛需求层次达到自尊状态以上的人。从与之对应的头脑复杂度而言，教练应该更适合于心智模式达“自主”和“自变”状态的个体和团队。

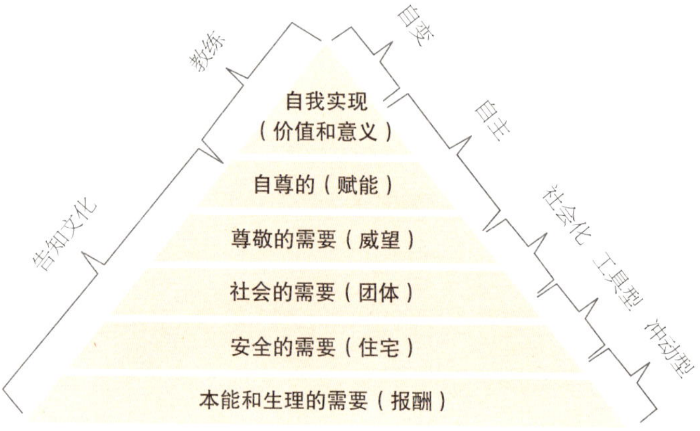

图 3–5　“自主”和“自变”状态示意图

无论教练还是被教练，都不适合心智模式还在较低层次的人。当青少年学习的时候，被告知、给予恰当的评判指正、给予一定的约束和压力往往是必要和适当的。而对于已经形成自我价值和自我观点的成年人，或者在某个领域已经有一定认知的职业人士而言，教练的方式可能会更加有效。

通过教练来实现自变

因此，当一个人接受教练时，无论是通过 GROW 的教练模型展开提问，还是学习聆听、不评判、觉察自我和他人，都是一种朝向“自变”的修炼。执行教练本身恰恰锻炼了多个“自变”的要素，和我们上文中谈到的“自变”特征不谋而合：

（1）多维度、多因果地考量问题：教练首先需要站在受教练者的角度考量问题，同时，在探讨问题解决方案时，通过深度挖掘和多角度探讨可行方案，逐渐建立多维度、深度因果的分析和判断。整个过程可以帮助教练本人逐渐培养自己的多维度考量事物的能力。

（2）促进观点的流动，而不固执于某些自己的或者他人的观点：教练的过程需要考量多个不同观点，分析、接纳、反馈不同观点的过程会帮助教练建立在不同的观点中流动的本领，甚至帮助教练本人冲破一些思维方面的束缚。

（3）觉察和挑战自己和他人观点背后的假设：深度的教练永远需要突破思维的边界，这需要不断挑战自己和他人观点背后的假设。没有永恒的真理，在不断的探索中，教练可以帮助受教练者认知自我，明确人生的意义。这个过程其实也是一个自我修炼的过程。

（4）放弃自我的观念和欲求，进入对方的思维模式，达成“无我”的状态：通过不随意评判，坚持自我觉察的锻炼，有效的教练会逐渐使人放下自我，走向“自变”的状态。

方法五　思维背后的思维
——通过批判性思维达成自变

我们看待事物的方式，而不是事物本身如何，决定着一切。

——荣格

批判性思维就是思维背后的思维，是达成自变的手段

有朋友问我，你讲的“自变”状态如何达成？之前的章节谈到了几条路径，如不断强化自我认知；学习不随便评价；学习教练，通过教练的方式锻炼自变的状态，并可以帮助他人成长。

“自变”是人类可以达成的最高级别的心智状态。因此，如果我们希望达成自变，还有一个很直接的模式就是学会“批判性思维”（Critical Thinking）。批判性思维可以帮助一个人达成“自主”甚至“自变”的状态。遗憾的是，在我们的学

校教育中（至少是我接受的教育经历中），并没有一个非常明确的课程教授批判性思维的方法。从某种程度而言，我们教育的主要目标更多地聚焦于教授固定的知识和技能，这也让学习者不假思索地接受甚至学会了捍卫他们学习到的知识体系。与此同时，也阻隔了人们独立思考、理性批判、突破创新的能力。

《大学的理念》的作者约翰·纽曼描述过真正具备独立思维和批判思维的智者状态："智者，自律至极，他们懂得知之为知之，懂得灵活运用推理的力量来改变庞杂的万事万物。如此智者，绝不会不顾大局，排斥异己，冲动鲁莽或者不知所措，而是富有耐心、镇定自若、庄重肃穆的人。因为事情伊始他们便能看出结果，看到结果也能知其成因。他们明了自己的立场，也知道如何谱写自己的思路。"

批判性思维可以被看作是"思维"背后的"思维"。它可以帮助我们展现理性，达成自变。如果没有经过思维的训练，我们的思维就如同一匹脱缰的野马，我们感觉自己在思考，其实我们的思想并没有经过驯化和控制。没有经过驯化的思想往往被我们的欲念驱动、或者被他人的想法和主流观点牵引，或者干脆如同脱缰的马儿一样，疯狂随性，到处乱跑，没有目标。批判性思维就是驯化我们思维之马的缰绳，它可以让我们的思维更加理性、准确、有效和明智。

批判性思维的权威学者理查德·保罗（Richard Paul）将

批判性思维定义为一种训练有素的自导、自律、自我监督和自我矫正式的思维。

具体来讲，批判性思维帮助人们通过一系列理性的标准，这些标准具备清晰、正确、准确、相关、有广度和深度、有逻辑性、公平而且可信的特点，从而让我们无论何时都可以有目的的思考，在一定的观点范围内，基于合理的假设，使用证据和事实，作出合理的推理，以解决问题，引出意义和结果。因此，批判性的思维者会表现出足够的基于理性的真诚、谦恭、确信、坚持、公正、勇气和独立思考的能力。

我们可以通过批判性思维使推理的质量达到最高水平，而“自变”的状态就是能让我们退后思考自我意识形态和个人权威的局限性，能让我们看到任何系统的局限性和不完整性，能友好对待反对和矛盾，能够了解和掌握多个系统，而不是用一个系统判断另外的系统（这个定义说明了自变就是我们思维背后的思维）。因此，我们可以完整地看待世界，而不会产生内在的不一致和混淆，也不会采取极端看法，而是通过内在对话而达成和谐统一。

可以看出，“批判性思维”是心智成长的手段，而“自变”是心智可以达成的最高境界。通过批判性思维，我们的心智模式可以提升到“自变”状态。

不经过训练，我们非常容易陷入思维的误区

在没有特意训练的情况下，人们通常不会意识到自己思维的问题和缺陷。实际上我们的大脑非常不可靠，我们觉得很客观，但其实总是陷入各种认知的误区。我们的思维也存在着种种的认知偏见。

和批判性思维相悖，认知偏见来源于我们的大脑希望找到最简单直接的运算方式的习惯，或者发生于我们获取信息、作出决策的过程中。认知心理学家将认知偏见总结为 20 个关键的症状。美国的新媒体 Business Insider 有一个归纳图表，我将它整理为中文，供大家参考。

锚定效应（Anchoring bias）：在人类作出判断时，会过分依赖最初接收到的信息或者是熟悉的（被多次重提）的信息。比方说，在薪资谈判中，最先被提出来的 offer 往往会成为双方的参考，最终结果都基于这个 offer 做出。

可得性启发（Availability heuristic）：人类会高估自己所能接触到的信息的重要性，并以此作为判断的主要依据。比如有人在争辩吸烟不一定有害的时候举例自己邻居家大爷“每天一包烟但还是好好地活到了 100 岁”。

花车效应（Bandwagon effect）：又叫从众效应，持某种观点的人越多，一个个体越有可能接纳这种观点。这是团体迷

思中最厉害的一种，也是开大会总是很低效的原因。

盲点偏见（Blind-spotbias）：觉得别人比自己更容易受到偏见的影响。

选择支持偏误（Choice-supportivebias）：倾向于对自己已经作出的选择持积极态度，哪怕这个选择其实有问题，比如你家狗虽然见人就咬，但你仍然觉得它是全世界最好的狗。

聚类错觉（Clustering illusion）：一种在随机事件中看出规律来的偏见，常见于赌博场所，比如觉得连着好几把转盘转到红色，这把多半也能；又比如觉得这人连着三轮是“狼”了，这轮拿“狼”的概率比较低。

确认偏误（Confirmation bias）：我们倾向于只听那些和自己预期相符的信息。这也是关于气候变化有那么多争议的原因之一。

保守倾向（Conservatism bias）：信息的先手效应。人们更容易相信先接收到的信息，对随后出现的和已知相悖的信息会有抗拒，接受速度慢很多。

资讯偏差（Information bias）：作决定前倾向于无限度收集尽可能多的资讯，尽管对于这个决定来说更多的信息并没有帮助。

鸵鸟效应（Ostrich effect）：拒绝接受那些不支持自己想法的信息，如同鸵鸟把头埋起来不理会外部环境。所以当股市行情不好的时候,人们可能会减少看自己所持股票市值的次数。

结果偏差(Outcome bias):评价一个决定好坏时从结果倒推，而不是考虑这个决定作出时的情形。每个最终赢了钱的赌徒都会觉得当时继续冒险的决定是对的。

过度自信(Over confidence):对自己的能力、判断过于自信，一个领域的专家比外行人更容易受到这种偏见的影响。

安慰剂效应(Placebo effect):有求必应效应，指的是当你相信某样东西会起作用时就会觉得它真的起作用了。一个著名的实验是在病人知情的情况下给他们吃对病情无效的药物，结果他们的生理状况却和吃有效药物的病人一样好转了。我们此前还介绍过一些安慰剂效应的实际应用，像是有些电梯里的关门键其实根本没用，或者仅仅会比正常关门时间减少一秒左右，但人们普遍会觉得按了关门键更有效率。

支持创新偏差(Pro-innovation bias):一项新发明的支持者总是倾向于高估它的作用而低估其限制因素，这可以说是硅谷的常态了。

近时效应(Recency):觉得新出现的信息比先前数据的参考价值要大。投资者就总是相信明天的市场行情会和今天一样，结果作出不明智的决定。

突显效应(Salience):只关注一个人或概念最容易辨识的部分的倾向，如当我们想到自己是怎么死的，很有可能是一些情形很特殊的场景，比如在坦桑尼亚被河马咬死什么的，而不是统计学意义上概率大得多的车祸。

选择性感知（Selective perception）：两个球队比赛，自家球迷总是觉得对方球队在整场比赛中犯规更多。因为人类总是会用自己的期待来有选择地曲解世界。

刻板印象(Stereotyping):在对某个人没有足够了解之前，就依据他所属的群体特征判断其个体特征。这样的情况很难避免，有时可以帮助人们迅速区隔对方，但滥用的情形更多，尤其在性别议题中。

幸存者偏差（Survivorship bias）：只关注最终保留下来的信息并从中找规律，而不是广泛征集信息证据。比如觉得创业成功的点子都很简单，自己随便搞搞也能行。

零风险偏误（Zero-risk bias）：总是致力于把一件（本来没什么风险的）事的风险降低到完全没有，因为人类喜欢确定性。

思维的三大关键障碍

上面谈到的认知偏见肯定会阻碍我们理性地展开思考。但为什么我们会陷入这些误区呢？这主要可以归因于我们思维的三个层面上的关键障碍。

1. 障碍一：基本认知的局限（不成熟的思维）

人类对于世界的认知本来就存着系统性的局限，而每个人对于世界的认知也是千差万别的。当我们不能系统而科学地认知和看待我们所处的世界时，片面的认知就会产生如刻板印象和锚定效应的误区。我们会通过自我具备的非常有局限的知识和经验来界定新的事物，或者用已经熟悉的系统来界定其他的系统。社会中常见的一些偏见大都源于这样的局限，如地域歧视、年龄歧视或者性别歧视。某一年北京卫视春晚有一个小品叫《取钱》，由于其中的骗子打电话说的是河南话，被一位河南籍的律师质疑歧视河南人，甚至提起诉讼要求电视台和小品主创向所有河南人赔礼道歉并赔偿每人一元。这反映了一种地域歧视的可能性。而这样的歧视（或者说是偏见）实际上是由于我们缺乏充分鉴别个体的手段和方法，我们很容易通过这样的标签式作法给出自己的判断。但显然这样的偏见是荒谬的。因此，正如查理·芒格说的："我从来不允许自己对任何我不太了解对方论点的事情发表意见。"对于我们未知的事物，我们还是要避免盲目的给出自己的意见和判断。

2. 障碍二：被私利和欲望左右

可以这样说，我们大部分的认知偏差可以归因于我们自私的本性。人类往往首先考量自己的需求，而不会考虑他人的权利和需求。我们也不会首先考量别人的观点，而是首先接受让自己获利的想法和观点。具体展现时，我们都会更愿意相信自己、对自己的感觉往往良好，以及会不断地肯定自我。

上面呈现的20个认知偏见中应该有一多半都归属于被利己主义主导的认知偏误。如“盲点偏见”就是因为我们会感觉别人比自己更容易受到偏见的影响。

又如“支持选择偏误”就是我们都会倾向于对自己已经作出的选择和决定持积极的态度,哪怕这个选择其实是有问题的。

3. 障碍三：被社会化的观点左右

我们思维的另外一个障碍来源于社会的影响。我们都处于特定的社会群体中，很容易受到群体思维的影响，就是“从众效应”“人云亦云”。现代社会媒体高度发达，社会的观点通过新闻媒体、影视传媒等手段深度传播，如果不加以深入的思考，我们很容易被社会化的观点所困。

现在的媒体越来越智能，不久前，我在今日头条中搜索台湾卤肉饭的配方和制作流程，几小时后，我在浏览头条新闻时，看到一篇科普文章，讲的就是人应该多吃肥肉，可以补充大量人体所需的营养，有利于长期的健康。当我看到这条消息时，心里面马上感觉到了一刻的放松，刚刚由于吃了卤肉饭而担心健康受损的心情稍有平复。但转念一想，这个文章是不是和我在今日头条上搜索制作卤肉饭有关呢？到底我们应该如何摄入营养才是健康的？这样的消息推送是不是投我所好而设计的？

又如，在2018年一张特朗普参加G7峰会的照片引起了大家的热议。从照片中，我们可以看到特朗普被其他国家的领导人围攻的场景。但随后曝出的其他角度的照片又否定了这种可能性。客观地看待这样的新闻，并从新闻中得出客观的判断，现在看来越来越有挑战性了。很多人由于自己的偏好和媒体的引导，很容易将那张照片解释为一种特朗普和美国被孤立和围攻的场景。但事实是这样吗？有批判性思维的人会理性地提问，广泛地收集更多的信息，而且会努力做到不人云亦云，或者会警惕一些媒体要强塞给我们的观点。

这两个例子说明现在的媒体每天都在极大程度地影响着我们的思维运行。如果我们看到什么就相信什么的话，只能说明我们欠缺批判性的思维能力。

但如果当我们接受信息和思考时，能够退后一步，思考这些信息的来源，希望确认这些信息是不是事实，还是某种推论而已，我们就有可能逐渐树立起更加理性的思维模式了。

学习批判性思维，达成自变

想学习批判性的思维，需要经过长时间的练习和锻炼。很多时候，我们并没有意识到我们的思维有偏见和局限，而是认为我们是客观和公正的。这样的想法甚至会阻碍我们对于自我思维的探索和批判。

因此，**实践批判性思维的第一步就是理解我们的思维需要被批判**。同时也不要认为自己是一个已经具备批判性思维的人。我们应该努力避免过度自信，并不断质疑自己的观点是否准确，是否还有其他的观点，自己得出观点的过程是否有充分的信息的支撑，自己的假设是否能够站得住脚。当我们承认自己的无知时，往往是理性的思维开始起飞的时候。当我们认为“我了解了”，“我知道了”，或者“我的判断是正确的”，往往我们已经掉入了认知的陷阱中。

有批判性思维习惯的人会对自己提问，不断探寻那些未知的领域，他们会问如下的类似问题：

（1）对我自己、他人、某个关键问题、国家和世界的关键事件，我到底了解什么，还有什么没有了解到的？

（2）我的思考过程中是否有任何的思维偏见（可以参考上述20条认知偏见）？

（3）我的观点是什么？它们是基于什么样的事实推导而来，我作了什么样的假设？

（4）我的圈子、文化、国家、民族给了我哪些观念？我是否批判过这些观念的有效性？

（5）别人是如何看待这些观念的，包括我的朋友、同事、他人，甚至是其他国家的人？

实现批判性思维的第二步就是要建立理性的思维结构，而理性思考的基础在于可以正确区分推理和假设。我们通常容易将推理和假设混为一谈，而假设往往是我们的偏见所在。

如现在美国对中国发起了贸易战，基于这一情形，大部分中国人都会认为我们国家在这样的贸易战中是受害的一方。而这样推理的假设很少人能够看到，那假设就是“被动接受贸易制裁并被迫反击的一方肯定是受害者和正义的一方”。但其实中国在改革开放以来一直受益于自由的国际贸易体系，特别是和美国的经常项目下的贸易顺差一直在扩大。中国不是简单的受害一方，这也可以从中国政府积极采取和解的态度，愿意和美方坐下来谈判看出上述的假设可能并不合理。

批判性思维的第三步就是要尽量做到独立思考，而不要受到他人、公众、媒体、政客等的鼓动和影响。

我们的现实中面临很多关键性议题，如：

· 转基因食品是否安全？

· 空气污染的形成原因和根治方法？

对这些议题，不同的人、公众、媒体都会给出不同的观点。实践批判性思维的人不会马上作出对错和价值的判断，而是会从多个信息来源收集更多的信息，尝试区分不同信息带来的推论和观点，以及这些观点背后的假设到底是什么。他们会关注：

- 这些信息是否是事实？
- 有没有事实被忽略和隐藏了？
- 这些新闻故事满足了谁的利益？
- 有哪些信息被当作事实呈现了出来，但其实还存在着争议？

……

我们不断进行批判性思考，就可以从更广泛、更深刻的角度来分析，给出判断，这样得出的判断将更加理性、公正和有效。我们也就有可能达成一种境界：我们不再是一个身份或角色的囚徒，我们可以同时拥有相互冲突和自相矛盾的意识形态、思想和价值观。我们可以流畅地通过多种方式，来探索体验现实的微妙和复杂性，达成内在的和谐和统一。这也就是自变的状态。

由于篇幅所限，无法详细罗列出更多的批判性思维的方法和工具。建议读者有兴趣可以去多读批判性思维的书。

方法六　转化你的身份

昨天的我聪明，想去改变这个世界。今天的我智慧，正在改变自我。

——鲁米

我们的身份

随着个体的成长，大部分成年人都会被赋予一定的身份，包括职务，如老师、农民、公务员等，也包括社会关系，如父亲、兄弟；也包括我们的信仰，如基督徒、佛教徒等。但大部分人平生都对自己的身份没有特别的思考——“我的身份由何而来？”“我有哪些身份？”“我是谁？”“我有没有可能有其他的身份？”

从成人发展理论看，身份（identity）是我们与外界世界关系的具体化定义，也是个体区隔于他人和群体的标志。一个人成熟的状态取决于我们对自己身份认知的程度。能达成高度自变的个体往往可以轻松转化自己的身份。反之，如果我们希望达成更高的心智模式，如自变的状态，主动寻求转换自己的身份也是一种非常好的修炼途径。

身份的转化

任何人在一生中都有几次身份转化的经历。这里的身份转化指的是那些不断超越现有身份，可以创造更大个人和社会价值的身份转换。世界上很多成功的领导者往往都有转化身份的经历。有些是被动的，有些是主动的。但每一次转化都是一次蜕变和升华。

乔布斯达到的成就就来源于自我身份的转化。但这个改变相对而言是一个被动的过程。而他的最大的身份改变就发生在他被逐出苹果公司的时刻和之后的经历。

大家都了解乔布斯的职业生涯故事。他于 1976 年创立苹果电脑公司，并于 1980 年带领苹果公司成功上市。在此期间，他主导推出了一系列优秀的苹果电脑产品。但由于乔布斯的经营理念与当时大多数管理人员不同，再加上竞争对手不断强化竞争，抢占大片市场，管理层便把失败归罪于乔布斯，并于 1985 年经由董事会决议撤销了他的经营权。乔布斯几次想夺回权力均未成功，便在1985年9月17日离开了苹果电脑公司。

从苹果公司辞职之后，乔布斯于1986年投资成立了皮克斯动画工作室，并在1995年推出全球首部全3D立体动画电影《玩具总动员》。该公司在2006年被迪士尼收购，乔布斯也因此成为迪斯尼最大个人股东。

后来，在苹果公司危难之时乔布斯重新回归，展开大刀阔斧的改革，停止了不合理的研发和生产，结束了微软和苹果多年的专利纷争，并开始研发新产品iMac和OSX操作系统。1997年苹果公司推出iMac，创新的外壳颜色透明设计使得产品大卖，并让苹果公司度过财政危机。随后，乔布斯陆续带领苹果公司推出iTunes和iPod，同时也开始在黄金地段开设专卖店并大获成功。随后Apple TV和iTunes Store等一系列产品受到了市场的认可和一致好评。2007年6月，苹果公司又推出iPhone，从此每次iPhone上市都引发世界极大的疯狂和销售热潮。苹果公司也从苹果电脑公司华丽转身成为现在的苹果公司。

从更深一层来看，这个过程恰恰是乔布斯本人的身份改变的过程。而触发这个改变的关键事件就是他被逐出苹果公司。在这之后，他有机会变身为投资人、动画公司的老板、迪斯尼公司的最大个人股东。可以想象，当乔布斯再次回归苹果公司的时候，他的身份已经发生了根本性的改变。以前他的自我身份定义是一个“做电脑的人”，而回归后，这样的身份被打破，促使他带领苹果公司开展了多次跨界整合和创新活动，如推出苹果专卖店模式，推出 iPhone 等。

试想一下，如果乔布斯没有被逐出苹果公司，而一直顺风顺水地领导苹果公司，苹果公司能取得后来的一系列辉煌成就吗？在那个时代，已经有多家公司在整合资源，开发类似的产品和服务。苹果公司能够成为引领创新和行业整合的领先者恰恰来源于乔布斯的身份认知的转化，而这样的转化对于乔布斯却是充满痛苦和折磨的过程。

乔布斯的身份改变是被动的经历，但现代的社会中越来越崇尚那种主动能改变自我身份的人。而这方面的代表人物应该非马斯克莫属了。埃隆·马斯克拥有多重身份，他是多家企业的创办者，也是一位杰出的工程师，同时还投资和参演了很多电影电视剧。

从 1995 年到 2000 年，马斯克与合伙人先后创办了三家公司，分别是在线内容出版软件“Zip2”、电子支付“X.com”、国际贸易支付工具“Pay Pal”。后来，他又创立了一系列成功企业，包括 SpaceX、特斯拉、光伏发电企业太阳城公司。有时候你很难界定他到底属于哪个行业、哪种职业，这就是不断自我突破身份的完美例证。

心理学家比尔·托伯特（Bill Torbert）认为：“转化型

（transformation）的人会试图把对世界的探询融入到更多的生活片段中。不管是通过唱歌、跳舞或者运动，或是通过冥想、祷告还是写日记，又或是通过木工、缝纫还是烹饪，抑或是通过诗歌、乐器或是戏剧，转化型的人会搜寻各种联系，让自己通过不同的方式感知外部世界和自身。”可见自变的人可以更加主动地取得更多的身份转化。

身份转化的四个阶段

心理学中，身份（Identity）涉及政治、职业、宗教、亲密关系、友谊和性别上的定位。其中，意识形态（Ideology）和职业（Occupation）是两个界定身份的关键领域。

如果纵览身份的形成过程，可以分为四个阶段。分别是混沌期、规范期、个性期、超越期（如表 3-6 所示）。

表 3-6 身份的形成过程

阶段	类型	心理表现	个性表现	社会表现
混沌期	拒绝者	有心理障碍，阻挠自己采纳成年人的身份和认知模式	采取孩童的行为模式	显示出广泛的对于他人的依赖并作出很多没有意义的和其他成年人互动的状态。
	流浪者	比拒绝者有更多的心理资源，如智力水平，魅力	没有兴趣利用自我的心理方面的资源	无法和成人社会建立有效的互动和联结
	搜寻者	有较高的个人和社会期待，有很强烈的不满足感	对于社会中的不足充满蔑视	愿意和自己尊敬的人互动，但最终会放弃
规范期	守护者	拥有清晰的个人价值观和态度，但害怕改变	个人的身份认知基本来源于社会身份的感知	有极其强烈的社会身份感知，坚决地保持自我社会身份的认同。
个性期	解析者	有意识的自我成长	积极获取更多的个人技能和能力并灵活应用	寻找让个人成长的社会团体
超越期	操控者、集大成者、无我者	逐渐和社会中的“自我”分离，认为身份就是在不同场景下的角色扮演	放弃对基本的身份认知的追求，取而代之的是将每一次社会交往和互动当作自己发挥作用的机会，从而定义了自己在当下的角色	放弃自我的所有排他性的身份认知，能在社会交往中随时转化自我的身份

混沌期：处于身份混沌期的个体对于身份没有感知，甚至是拒绝感知的。他们的心理还非常不成熟，会表现出孩童的行为模式，或者对于社会有自己冲动的想法。这个阶段的个体往往无法有效融入社会，并建立恰当的身份感知和身份定位。心理学中有学者将这种混沌状态的个体分为三种类型：拒绝者、流浪者和搜寻者。

规范期：处于规范期的个体会有效建立自我的价值体系和观念。他们的身份来源于社会身份的认知，他们愿意遵循社会规范，是良好的社会公民，但也害怕改变和拒绝不同观念的冲击。我们可以将他们叫做守护者。

个性期：随着个人的成长，一些成年人会逐渐建立自我的身份认知，他们不仅仅依靠社会群体而存在，他们有自己的专长和独立身份。从身份的角度，我们可以称他们为解析者。

超越期：在构建身份的过程中，更加复杂的身份掌控来源于多重身份的建立和身份与身份之间的转换，在这个层面，有三种类型的个体，我们可以叫他们身份的操控者、集大成者和无我者。

历史上中国佛教的六祖惠能大师给我们示范了超越自身身份，达成无我境界的成功范例。根据《六祖坛经》记载，由于六祖惠能在得到五祖传授衣钵后，一直被恶人追逐，就避难于猎人队伍中，和猎人一起生活了十五年，时时与猎人随宜说法，随缘而化，这就是超越身份的状态。虽然能够达成超越身份的人少之又少，但也可以让我们窥到身份管理的终极形态。

身份的探索与承诺

身份构建的过程涉及过去的经验积累，现在的状态表达和对于未来的期待等多重因素。一个人的身份认知是通过自我反思而逐渐形成的。

对于身份的探索往往发生于面临抉择和危机的时刻。在这些时刻，已有的价值观和工作生活方式被重新审视，而新的可能性逐渐呈现。通过不断探索新的身份选择和建立对这些选择的承诺，我们才得以实现身份的转变。而探索（explore）程度和承诺（commitment）程度的高低形成了四种对于身份认知的状态。那就是“被动承接的身份”“对于身份的无知”“身份的危机”和“身份的成就”状态（如图 3-6 所示）。

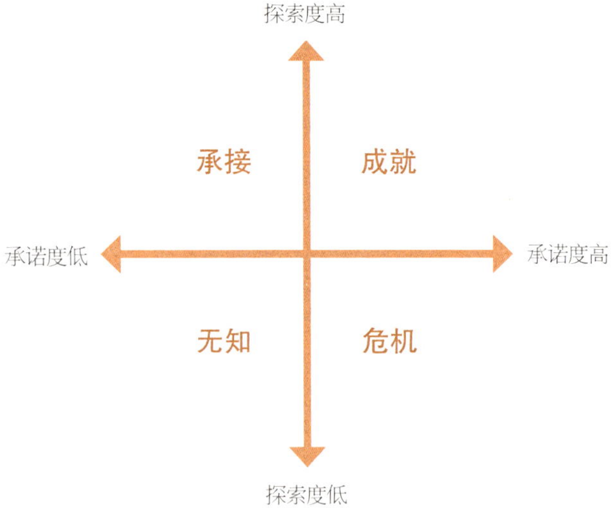

图 3-6　四种身份认知示意图

1. 第一种状态：被动承接的身份（简称“承接”）

当身份的探索程度低，而承诺程度较高的时候，就是一种“被动承接的身份”状态。这个过程中个体并没有经过过多的身份探询，而直接获得身份认同。这样的身份认同往往来源于父母的想法和信仰，如父母信仰基督教，孩子很容易也跟着接受这样的信仰。俗话说“龙生龙，凤生凤，老鼠的儿子会打洞”，描述的就是这样的状态。可想而知，处于这个状态中的个体基本没有认真思考过自己身份的其他选择，他们只是自然地被动接受。如奴隶社会中，很多奴隶的子女还是继续做奴隶。对于这样的悲惨身份，他们并没有思考过其他的可能性。这样继承的身份非常稳固，但也处于一种无知的状态，并不是主动的身份选择。

2. 第二种状态：身份的无知（简称“无知”）

对于被动继承和接受的身份，至少还有身份的感知和界定。即使在现代的社会中，不少成年人会处于身份探索程度低、承诺程度低的茫然无知状态。他们会一直避免探索自我的身份，对于特定的信仰和身份没有思考，也没有任何系统的身份承诺，仿佛处于身份的真空地带。这样的人非常不成熟，往往会选择在人际关系中孤立自己。他们对于身份相关的话题没有太多兴趣或者表现出茫然和犹豫的状态。因此他们也不会有太多的身份困惑和危机感。

3. 第三种状态：身份的危机（简称“危机”）

身份危机是在身份承诺逐渐丧失或者变得模糊不可靠的时候，个体积极探询其他身份选择方案的状态。这种状态的人呈现出比较高的身份焦虑，他们可能会感觉到这个世界是不可预测的，但他们会努力解决这样的矛盾，希望获得新的稳定的身份感知。

现代社会中，很多人会体验到身份的危机时刻。由于外部环境在快速变化，很多过往的价值观念、关系模式、工作性质都在快速变化中，我们会感觉到自己以往的身份在逐渐丧失中，而新的选择在逐渐出现。人工智能的发展带给我们的恰恰就是一种典型的身份危机感。身份危机也发生于一些危机时刻，如至亲的死亡，丢掉工作。这些事件导致我们的身份认知失衡，从而让我们去寻求新的身份认知的平衡。

4. 第四种状态：身份的成就（简称“成就”）

当我们经历了特定的身份危机，并走出这样的危机时，就可以取得一种身份达成的状态。这是一种探索度和承诺度都很高的状态。这时候的个体可以获得对自己身份的清晰定义，并感知到某种程度的生命的完整性和成功体验。

当我们想主动的变换身份的时候，上述模型可以帮助唤醒我们对于自我身份的觉知。我们可以利用上面的模型感知自己对于身份的认知到底处于哪个象限。我们可以尝试问自己如下的问题：

- 你的哪些身份是继承而来的？或者是迫于压力被迫接受的？
- 你有主动思考过自己的身份定位吗？你喜欢和认可你现有的身份吗？
- 你有没有对于自我的身份产生质疑的时刻？你有没有不喜欢你的某种身份的时刻？

- 你培养过什么新的爱好吗？这些新的爱好可以成为你的职业吗？或者可以让你感知到新的生命领域吗？
- 你满意你现在的身份吗？你可以清晰界定你的身份特征吗？你有没有其他的身份选择？你有多重身份吗？

如果我们希望达成更高的人生境界，那就可以尝试审视和改变自己的某种身份吧。培养和发展自己的多重身份，并可以自由的在身份之间转换的人，也会获取真正的人生成功体验。

SELF-
TRANSFORMING

第四章

自变的组织

成为“专注于发展的组织”

认识自己的无知，是认识世界的最可靠方法。

——蒙田

自变的组织

对个体而言，可以追求自主和自变的状态。同样，组织也在不断演化，自变的组织将是未来社会的关键组织形态。那么什么是自变的组织呢?

自变的组织就是可以打破组织边界的组织。比尔·托伯特的八个行为逻辑也代表了不同组织的发展阶段，包括：梦想构建阶段、投入阶段、组建阶段、实验阶段、系统化产出阶段、社会化网络阶段、协作探索和基本探询社群阶段。而自变的组织具有开放协作的特点，组织的领导者们打开了组织的边界，愿意和其他的组织分享，建立关键联盟，致力于更大的梦想和愿景。

同样地，自变的组织需要具备更多自变思维的个体的支撑。很难想象没有大局观和唯利是图的个体领导者愿意打开自己的组织边界，和他人分享。同时，自变的组织往往是拥有核心技术和能力的组织。谷歌开始开发安卓手机操作系统的时候就秉承着免费开放的模式。其背后显然有其核心技术的支撑，这样的能力往往不是随便一个组织就可以模仿和复制的。而自变的组织内部肯定也会倡导一种自变的组织文化，我们也可以将其定义为“专注于发展的组织”。

培训是发展吗?

近十年来，我观察到一个现象：越来越多的组织对于培训的效果产生了怀疑。因为组织的领导者发现培训后并没有显著提升员工的能力、技能和行为表现。比如，现在教练的培训越来越多，但组织发现很多经理并没有在组织内部切实的展开教练的对话和实践；再如，有些组织发现跨部门的沟通出了问题，但落实一些沟通和协作的培训并没有产生明显的改善效果。

在我的记忆中，诺基亚在鼎盛时期，就曾经投入了大量的资金用于培训。很遗憾的是，随着行业的发展，诺基亚被淘汰，不再是手机行业的领导者了。诺基亚品牌被微软收购时，诺基亚的 CEO 在新闻发布会上说："我们并没做错什么，但不知为什么，我们输了。"如果培训是一项诺基亚集中做的事情，这个事情有没有错误呢?

这些问题汇集起来，就可以看到目前培训面临的挑战。当然，这些问题背后会有很多原因，但今天看来，主要的问题可能集中在发展和培训的错配上。

一句话，传统的认知认为培训是发展员工的关键方式，但其实培训和发展是不同层面的两个概念。

用一个形象的比喻，培训如同将水（知识和技能）注入一只杯子（人的头脑），培训传递了知识和技能，但培训很少能够帮助我们拓展头脑的容纳程度。而发展的目标就如同是让杯子变成容积更大的杯子，从而可以装更多的水（知识和技能）。对于一个个体而言，当头脑发展到更高的层面，才可以承载更多的知识和能力。反过来说，当我们不关注个体的发展，却不断地通过培训加载更多的知识和技能，可以想象的效果就如同水会溢出杯子，作为学习的个体就可能会拒绝接受这样的知识和技能，或者假装自己会了，实际上却不能将其有效地应用到具体工作中。

什么才是真正的发展

人的发展首先应该是头脑的发展。

过去传统的理念认为人的头脑到了二十多岁后就已经成熟，随后并不会有太大的变化。但大量的现代研究表明，人的头脑其实在成年后还会继续成长和演变。而罗伯特·凯根从心理学的角度将成年人的头脑发展定义为三个阶梯：社会化意识、自主意识和自变意识。

表 4-1 成年人的头脑发展的三个阶梯解析表

社会化意识的表现	· 我们被我们周边环境的期待和定义所塑造 · 我们会和我们认同的保持一致或者忠于我们的认同 · 我们自我的感知主要通过我们和他人的关系，以及通行的思想和想法来表达
自主意识的表现	· 我们能从社会环境后退一步，从而产生内在自我的判断和个人权威，以帮助我们对外部环境的期待展开判断和作出自己的选择 · 我们通过我们自我的信仰体系、意识形态或者个人身份认知来体现自我，从而可以用自我的声音来自我主导、表明立场、设定范畴和边界
自变意识的表现	· 我们能退后思考自我意识形态和个人权威的局限性，能看到任何系统的局限性和不完整性，能友好对待反对和矛盾，能够了解和掌握多个系统，而不是用一个系统判断另外的系统 · 我们的自我体现表达在可以完整地看待世界，而不会产生内在的不一致和混淆。不会采取极端看法而是通过内在对话而达成和谐统一

从表 4-1 可以看出，在一个组织中，很多的工作问题和绩效挑战来源于个体或者群体的“头脑复杂度”状态。一个社会化意识的人会表现出对于绝对权威的顺从，或者对于大多数人思想的跟随。很多个人和组织的问题都与这样的头脑状态直接关联，包括由于忠诚于集体的思想（如果集体是一个不能够追求高绩效的状态），而导致不追求优秀的绩效，或者干脆随波逐流。又比如这样的人会非常顾及别人的面子，因此就不会指出或者主动纠正别人工作中的错误。

而自主意识的人能够设定目标和边界，能够自我驱动，但他们的自我权威感会很强烈。如同他们看世界时有一个自我的滤镜，符合他们的想法他们可以接受，而不符合他们想法的意见就会被拒绝。这样的人有可能会抵触变革的想法，拒绝不同的观念，进入相对的思维局限和狭隘状态。

对于任何一个组织而言，管理者都希望自己的员工能够拥有自主意识，这样他们会更加积极主动，更加目标清晰，会更有效地完成工作。而对于管理者，越多的管理者具备自变意识，就会更能接受变革的想法，促进创新的工作环境，建立多元而且更加积极的工作氛围。

但我们并不生活在一个完美的世界。研究数据表明，在一个大型的组织中，大约 59% 的人都不具有自主意识。而在另外一个研究中，在一群有能力的中层经理中，仅有不到一半的中层经理具有自主意识。在一个关于 CEO 的研究中，21 名 CEO 中只有四个人具有自变意识。

这些研究同时都清晰地表明了那些处于更高头脑复杂度的经理和 CEO 会产生更加优秀的绩效。

组织中发展人的方法和途径

根据上面的理论和数据证明，可以得出如下结论：

（1）人的不同的头脑状态导致了不同的工作表现和绩效结果，让员工的头脑复杂度达到更高的状态会有效促进组织的绩效达成状态；

（2）发展人的首要的任务就是发展人的头脑复杂度；

（3）培训可以在一定程度上帮助人的头脑提升，但却不是关键的和主要的头脑发展手段。

那么如何让人的头脑复杂度达到更高的状态？在一个特定的组织中，组织又该做些什么，来达成对于员工头脑状态的提升，最终促进绩效的提升呢？

罗伯特·凯根提出了通过建立一种“专注于发展的组织”（Deliberately Developmental Organization，“DDO”）来有效发展管理者和员工的头脑状态，并给出了关于建立 DDO 的一个完整的模型，包括发展的愿望、发展的环境和发展的规范

（如图 4-1 所示）。

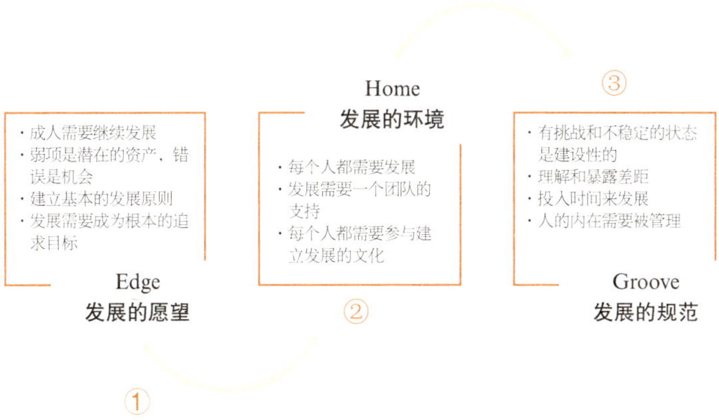

图 4-1　DDO 的三个关键维度

1. 发展的愿望（Edge）

建立专注于发展的组织需要坚定一些基本的理念：

（1）即使是成年人，也需要而且可以持续发展；

（2）仅仅强调优势不能带来发展，弱势和问题是发展的机会；

（3）组织需要建立一些基本的发展人的原则；

（4）发展员工应该和追求利润一样成为组织的最根本

目标。

2. 发展的环境（Home）

（1）每个人都需要参与到发展中来；

（2）发展需要团队的完整的支持；

（3）每个人都需要为建立发展的文化贡献力量。

3. 发展的规范（Groove）

（1）挑战和不稳定的状态才能带来发展；

（2）理解和暴露问题才有可能发展；

（3）发展可能花费很多时间，但会有足够回报；

（4）人的内在状态需要被关注。

从头脑发展的角度看，组织和个体的一切问题都源于个体和群体的认知局限。因此，有效的个体头脑发展肯定可以帮助提升组织的效能和达成绩效。DDO 是由罗伯特·凯根教授提出的全新概念，目前能够完整达成的组织并不多。但可以预见，在未来的时代，这样的组织状态将会被越来越多地探讨、学习和践行。

我认为，中国的企业如果希望成为“专注于发展的组织”，需要以下几个关键的转变：

转变一：从“培训技能”向“发展头脑”的模式转变。

真正的发展是人头脑的发展，中国的组织应该意识到了很多培训并不能帮助个人提升绩效。要想提升绩效，就需要回归到具体的工作环境中，让个体员工和经理人员基于现实的工作挑战和问题展开思考和讨论，找到更加有深度和全面的解决方案，并理解自身在整个业务解决中的作用和位置。

转变二：由“理论学习”到“实践应用”的转变。

很多中国的企业现在都重视理论的学习，对于新的理念、模式、方法和技巧非常愿意学习和接受，但在和实际工作结合和应用方面却做得不够。真正的发展肯定有好的理念和方法支撑，但更多的是在实际的工作中应用，并不断验证。

转变三：由创造“舒适的工作环境”向创造“有挑战的工作环境”的转变。

现在整个企业界流行一种模式，有条件的公司在员工福利和工作环境方面投入不断加大，而在具体的工作中，也希望创造一种宽松和宽容的工作环境。在一定程度上，这样的举措肯定是良性的，但人的头脑的真正发展往往是在有挑战的甚至是艰苦的环境中产生的。这样的环境需要创造一种不断挑战现状，不断追求卓越的工作状态。通过创造追求卓越的工作氛围，通过让每个人都融入到发展的挑战中，组织才能够建立有效的人才发展状态，并帮助人才在历练中提升和发展。

转变四：发展的方法和模式的转变。

现在很多组织是重培训、轻实践的，因此传统的课堂培训特别多，而真正触及员工发展的评价、教练和业务研讨却相对比较少。未来的人才发展模式将更多地利用人才评价技术，更多地采用教练和辅导反馈的模式，更多地通过不断解决现实问题和自我挑战来展开。我们服务的一些客户在一定程度上已经在实践 DDO 的模式。如我们的一家互联网行业的企业客户会通过引导和研讨确认组织的问题，找到改进方案。而我们合作的几家世界级制药公司则广泛地通过人才评估帮助经理人员建立自我认知，寻找内在差距，并通过持续对话提升人员能力。

能将发展和追求业绩并列而行的组织，应该还很少。但这给每一个希望追求卓越的组织指明了一个方向：那就是可以将发展作为组织的根本目标，通过发展人才带动组织业务目标的达成，从而将人才的发展和组织的业务发展完美地结合起来。

第四章
自变的组织

非“专注于发展的组织”

至诚之道，可以前知。国家将兴，必有祯祥；国家将亡，必有妖孽；见乎蓍龟，动乎四体。祸福将至：善，必先知之；不善，必先知之。故至诚如神。

——《中庸》

“专注于发展的组织”（DDO）是一个里程碑式的全新理念，它清晰地描述了未来的组织可以努力的一个方向，那就是把促进个人成长作为和业务发展一样重要的目标，而这样的企业会更加成功。

反过来想想，你会惊奇地发现，我们在现实中接触到的很多组织都是“非发展的组织”（Non-DDO）。如果在这样的组织中工作了一段时间，你不会发觉你比加入时有了多大的改变和提升。这样的组织中，不关注人的发展，有时甚至会制约员工的头脑的成长。

我归纳了一下，发现这样的组织总体可以归为几个典型类别：幸福型、机器型、和谐型和单纯业绩型。

幸福型

我们经常在媒体上看到“幸福型”的公司。这样的公司创造非常优越的公司环境，传递给员工非常幸福的感受。但当这样的状态过度，甚至忽略了业务的本质时，其作用力往往是反方向的。

最有名的一个例证就是诺基亚公司。我就听过几个诺基亚的前雇员谈到当时诺基亚的故事，在诺基亚业务鼎盛的时候，公司提供各种福利待遇，包括桑拿和按摩。我也曾读过一则关于诺基亚的故事，一个新加入诺基亚总部的员工，被老板要求坐飞机环游世界，该员工不解，问他的老板，这样安排的目的是什么，他的老板很随意地说，去认识一下世界其他办公室的同事。好多利润丰厚的公司都提供各种优厚待遇和员工福利，但很多公司经过一段时间的辉煌后，往往会陷入困境，以至于那些曾经享受其中，而随后被裁的员工会非常失落和茫然，有时甚至是愤恨。可见，这样幸福过头的公司往往让员工变成了温室中的花朵，大家习惯了闲逸和享乐，而逐渐失去了个人和组织的市场竞争力。

任正非说过，“我们腐败最主要的表现是惰怠”“挣了钱，不好好干活，是惰怠；小富即安，安于现状，不思进取，是惰怠；曲意奉迎，欺上瞒下，拉帮结派，是惰怠”。可以肯定的是，简单的表面的幸福感并不能促进人的成长。久而久之，面临的肯定是公司的衰败和个人意志的消沉。

机器型

“机器型”的公司将员工视为可以产出的机器。持这样观点的公司认为员工是不需要提升和改变的，如同我们无法修改一台机器一样。因此，这样的公司最常使用的手段就是购买、使用和报废。

富士康是人类历史上首个雇员超过一百万的公司。它的行业影响力非同一般。然而，富士康给我们的深刻印象是包括流水线上的工人，如同汽车装配工一样。这些工人和技术人员，很多是有技术和有知识的员工，他们在流水线上日复一日、年复一年地工作，没有太多变化。其实不仅仅是制造行业的员工，很多高科技和高端服务行业也有同样的情况。

若干年前，我去一家互联网公司，结果发现他们的编辑和编程人员一排一排地在一个开放空间内工作，而在每排工位的尽头都有一个更高的工位，一个类似于监工长的管理人员坐在那里监督大家开展工作。很多国际知名的投行和金融机构也是这样。当经济好起来的时候，他们大量招聘员工，加班加点地工作，但当经济不景气时，马上裁员。在这样的人被视同机器的组织中工作，个体是没有太多机会谋求更高的发展的，很多工作也是在重复地进行。而最终，很多员工或者被辞退，或者主动离开，如同一台废旧的机器被工厂淘汰一样。

和谐型

盖洛普公司基于它的两位公司高层管理人员写作的书《现在，发现你的优势》一直在推广一项服务，叫做“优势识别器测评”。如果发现你的优势很棒，组织就会赞扬你，但有些组织将这样的模式发展到了一个极端，那就是避免讨论弱点、问题和挑战。这样的组织内部提倡赞扬和正面的文化，同时也会刻意地掩盖问题，回避挑战。而在另外的一些组织中，大家则是一团和气，互相恭维，很多人秉承一种“老好人”的状态，那就是不去触碰别人的短处和问题，自己的问题也得到了很好的掩护。长久下来，如同温水中的青蛙，人人洋洋得意，感觉不错，而不会在工作上精益求精，不会追求卓越。这样的组织最危险的就是会产生“反卓越”的情绪和做法，有些人做得好些就会被排斥、拒绝。这是相当可怕的现象。

单纯业绩型

在一些单纯讲业绩的公司，取得销售成绩和业绩就是一切。我们经常看到一些自满的业绩型经理，由于他们业绩突出，个人明显地骄傲自满，组织也放纵并溺爱他们。这样的组织由于只看业绩和成绩，而忽略问题和个人的不断成长，很容易滋生内部骄傲的情绪和不平衡的感知。由于衡量公司成功的标准单一，会导致唯利是图，也会滋生很多问题，甚至是腐败和懈怠。

上面这些类型的公司，都可以统称为“非发展型的组织”。对于很多追求幸福的组织和个人而言，幸福的定义就是更加舒适、稳定和安全。显然这是狭义的和短视的关于幸福的理解。这样的组织往往看重人际关系。维持表面的和谐和愉快是大部分人追求的目标。这样的组织中人的变化和成长不显著。长期待在这样的组织里，带给相关人才的影响就是让人变懒，越来越没有市场竞争能力了。

与之相对，我们可以看到完全不同的“专注于发展的组织”的状态。在“专注于发展的组织”中，真正的幸福是个人和组织的发展。幸福的状态是挑战，是成长，是痛苦后的升华，是历练后的开阔，是成功过程中的丰满。因为，这样的组织明白，人没有发展、组织没有进展是最大的浪费。在这样的组织中，会创造坦诚、真实和透明的环境，通过有效的互动和学习，通过达成更好的工作，超越自己来实现成长。很多专注于发展的组织本身就是培养人才的摇篮。如 GE 一直以盛产 CEO 为业界称道。而很多在麦肯锡咨询公司工作过的顾问随后都担任了诸多优秀公司的高层管理人员。可见“专注于发展的组织”一方面可以让自己保持优势，另外一个方面也可以培养和发展人才。

在中国，我们也有若干“专注于发展的组织”，华为就是这方面的优秀代表。很多人被华为近十年取得的辉煌业绩所折服，也越来越多地使用华为的技术和产品。但大部分人可能没有意识到，在这样的市场表现和业绩背后，是华为专注于人的发展的不断努力。

从《以奋斗者为本——华为公司人力资源管理纲要》一书中，就可以看到华为很多和“专注于发展的组织”理念完全一致的内容。一个公司的文化就是领导者的文化，虽然我个人和华为的接触不多，但从任正非的讲话中，可以看出他们在“人的发展”方面的理念和做法都和“专注于发展的组织”的理念是完全一致的。

以下是选自《以奋斗者为本——华为公司人力资源管理纲要》里面任正非关于人才发展、干部管理的讲话节选：

强调自我培训，在岗培训。要求“贯彻人人是老师，人人是学生，要讲评制”。

强调从实战出发，学以致用。“培训关键是教会干部怎么具体做事。”

强调“教精神、教方法论重于教知识”。

强调“正向考绩和逆向考事结合”，“绩效考核结果要公开”。

强调“绩效改进，自己和自己比”。

强调“大浪淘沙，公司不迁就任何人”，“烧不死的鸟是凤凰”。

强调干部“要具备自我批判，能容天、容地、容人”，反对“唯唯诺诺，明哲保身”。

强调“不断改进思想方法，恰当把握开放、妥协和灰度”。

强调“拉不下情面管理的干部不是好干部”，但又要“改变简单粗暴对待下级的作风”。

强调“我们腐败最主要的表现是惰怠”“挣了钱，不好好干活，是惰怠；小富即安，安于现状，不思进取，是惰怠；曲意奉迎，欺上瞒下，拉帮结派，是惰怠”。

从这些讲话中可以看出，华为强调实际工作中的历练、考验，也特别强调不断发展人才，能将培训和实际业务紧密结合。

任正非认为人是可以发展的，而且必须发展才可以做出有效的工作。而这样的发展往往是通过艰苦的锻炼、迎接挑战、掌握更多的业务技能来落实的。同时，发展不是你好我好，而是自己的不断改进；是同事之间的勇于发现问题；是管理者敢于拉下情面，揭示问题。真正的人才发展是让人才达到更高的精神状态，具备更好的思维模式和工作方法。

目前，人工智能成了媒体的焦点。随着领先科技公司的不断研发，人工智能的时代已经来临。人工智能简单地说就是电脑掌握了自我学习的状态，可以不断升级和优化。在 2016 年年末的跨年演讲中，罗振宇说道：“人工智能不是人的延伸，而是人的替代。”当电脑可以复杂和深刻到代替人脑时，我们每个人都需要担心在未来会不会被人工智能替代。如果不希望被替代，人类就需要具备能够驾驭未来人工智能的更高和更复杂的头脑状态。也就是说，按照“头脑复杂度”的理论，我们每个人都需要不断升级自己的头脑了。

在这样的状态下，不同的个体都需要思考你是否需要发展，和如何找到能帮助你发展的组织。而对于组织和组织中的领导者而言，也需要思考如何通过发展来获得组织的更强竞争力了。

如表 4–2 所示，我列出了一系列针对未来“专注于发展的组织”我们可以明确“做”和“不做”的维度。

表 4-2 针对未来“专注于发展的组织”的做法

专注于发展的组织	对于个体员工	对于组织和组织中的领导者
做	寻找到可以发展自己的平台和机会 敢于暴露自己的问题和弱势 最好的学习就是在挑战的工作环境中做出更好的成绩 敢于审视自己，他人和周边环境，获得更全面、更深度的认知 敢于更多的了解自己（价值观、动机、性格、行为习惯）和不断修正自我的行为	不断发展员工和人才，让员工感觉有成长空间，可以承担更大的使命和任务 发展的最好方法是建立不断更新，不断自我认知和不断改进的公司氛围和环境 让整个公司和团队都支持发展的目标和使命，每个人都参与到建立发展的文化中 建立发展的模式，规范和发展原则
不做	接受和享受那些没有进步的工作状态 把稳定和容易当成工作追求 自我感觉良好，或者过度自卑而不愿提高和改进 随大流，人云亦云	仅仅通过培训就希望可以发展人才 单纯从兴趣出发促发大家学习 片段性的培养，无法和业务整合起来 组织内部一团和气，回避人的问题

总结起来，对于那些希望获得事业发展、达成自变的个人而言，去寻找真正支持个体发展的组织和事业平台就非常重要。在专注于发展的组织中，你可以明显感知到一种发展的文化，那是一种充满积极氛围的工作环境。这样的组织珍视人才，生活在其中能感知到发展的脉动和获得不断发展的机会；你的上级和同事重视并愿意为你提供积极的发展建议，他们会主动创造让你锻炼的机会。这样的组织并不会一团和

气，或者回避问题，而是会不断激发以达成更卓越的状态。这样的组织绝不可能人浮于事或者勾心斗角。你在这样的组织中久而久之会意识到自己经验的增长、能力的拓展。最终，你发现自己可以站在更高的角度，看到更广阔的世界并有能力承担更大的责任和使命。

如果你恰巧处于一家“专注于发展的组织”内，这肯定是你的幸运。我们要祝福你在这样的组织内可以不断成长，并基于你对自变的认知逐步迈向自变的人生！

后　记

2018年的最后一天，在本书即将面世之际，我写下这篇后记，作为某种阶段性的总结。

本书历时四年完成，大部分文字由我在中国发行量最大的人力资源专业杂志之一《人力资本管理》上的“海问联合”专栏发表的文章集合而成。最初的时候，我并没有特意去写一本书。但当文字逐渐累积，也就是两年前，我逐渐意识到，这些零散的文章都围绕一个我的关注点——“自变的头脑”展开。从那之后，我的头脑中就形成了本书的概貌。我写作的目标也更加明确，就是希望通过写作本书将“自变”的理论和人生实践传递给更多的读者。因为我深信，这是我的一种责任，让更多的读者，包括众多未来的年轻读者，了解到在任何一个人成年后，都远没有达成心智的成熟程度——自变的头脑。持续发展自我的头脑是任何一位期望探索这个世界、不断学习的人一辈子都可以持续的任务。当我们发展了头脑，甚至达成“自变”

的状态，我们就可以看到更多的具备“自变领导力”的未来领导者出现。他们将会更有效地领导团队和组织，甚至可能引领这个社会向前发展；而于组织而言，培养头脑更成熟的领导者将是一个组织保持长盛不衰的根本；放得更大一些，对于社会乃至我们的国家而言，我们需要更多成熟、睿智的公民，来让我们的社会更加和谐、有序和进步。不管是个体和组织，还是社会和国家，都需要不断迈向更成熟、更理性、更智慧的状态。我也希望本书可以起到微薄的作用，帮助读者理解头脑发展的重要性，以及达成自变状态的未来图景。

在本书中，我基于自我的理论理解，介绍了“头脑复杂度”的理论体系，并着重描述了“自变”的心智状态。同时，我将“自变领导力”逐项阐述出来，希望给读者建立一个相对完整的概念体系。而这些领导力都应该是现在和未来最需要的一系列领导力要项。同时，我还根据个人的体验，给出了若干达成自变思维的具体方法建议。在最后的章节中，我希望提醒读者关注能够触发我们达成自变的组织环境。这样的组织环境在当今社会中并不多见。因此，建立相关的组织理解对于每一位有志于此的读者都是必要的。

写作本书的一部分持续动能也来源于我的父亲。我现在还保留着少年时的场景记忆——当我从睡梦里醒来，看到他在深夜中努力写书的情景。可能受他潜移默化的影响，我也终于通过四年的努力完成了本书。

同样关于父亲，我一直记得凯根教授在他的书中提到的一则趣事。一次，他兴奋地告诉他的父亲，他的书已经被翻译成多国语言。但他的父亲马上问道："有没有翻译成英文？"有趣的是，凯根的书本来就是用英文写作的。由此你可以感知到"自变"的理论对很多人可能并不见得易于理解。

因此，在我的写作过程中，我也非常惶恐：本书是否既可以准确传递这样抽象的理论，又能让读者真正理解。我一直尝试用通俗的中文语言（希望您可以读懂）描述"自变"这一抽象而复杂的理论。这本身对我而言是一大挑战。

正如托伯特教授所说的，好的工作需要一种"永远无法完全掌握的精通"。（A kind of mastery that is never fully achieved.）从这个意义上来说，本书只能算一个开始，希望通过本书，或者其他未来的途径，让"自变"的理念可以更好地传递给那些认可并愿意学习它的读者们。

谨此致以我最良好的祝愿！

任建平

2018年12月31日于北京

读书笔记

读书笔记